메타버스가 뭐예요?

메타버스가 뭐예요?

초판 1쇄 발행 2022년 8월 25일 | **초판 2쇄 발행** 2023년 1월 6일
글쓴이 이시한 | **그린이** 황정하
펴낸이 홍석 | **이사** 홍성우
편집부장 이정은 | **편집** 박고은·조유진 | **디자인** 권영은·김연서
마케팅 이송희·한유리·이민재 | **관리** 최우리·김정선·정원경·홍보람·조영행·김지혜
펴낸곳 도서출판 풀빛 | **등록** 1979년 3월 6일 제2021-000055호 | **제조국** 대한민국 | **사용 연령** 8세 이상
주소 서울 강서구 양천로 583, 우림블루나인 비즈니스센터 A동 21층 2110호
전화 02-363-5995(영업), 02-362-8900(편집) | **팩스** 070-4275-0445
전자우편 kids@pulbit.co.kr | **홈페이지** www.pulbit.co.kr

ⓒ 이시한, 황정하 2022

ISBN 979-11-6172-515-4 74560
　　　979-11-6172-448-5(세트)

※책값은 뒤표지에 표시되어 있습니다.
※파본이나 잘못된 책은 구입하신 곳에서 바꿔드립니다.
※종이에 베이거나 긁히지 않도록 조심하세요. 책 모서리가 날카로우니 던지거나 떨어뜨리지 마세요.

메타버스가 뭐예요?

이시한 글 | 황정하 그림

| 작가의 말 |

메타버스 세상에서 배우고, 놀고, 자라자!

　'네이티브'라는 영어 단어가 있어. '토박이, 현지인, 원래 살던 사람'이라는 뜻이야. 요즘 이 말을 '디지털'에 붙여서 '디지털 네이티브'라는 말을 써. 어릴 때부터 디지털 환경에서 자란 세대를 말해. 디지털을 머리로 익힌 어른들에 비해서 디지털 환경이 익숙한 아이들은 스마트폰이나 컴퓨터 등을 잘 다루곤 하지. 마찬가지로 메타버스라는 미래가 다가올 때, 이 메타버스 세상에서 빛나는 사람들은 '메타버스 네이티브'들이야.

　외국 친구들이 한국어를 하면 아무래도 발음이나 어휘 같은 것들이 자연스럽지 않잖아. 한국에서 태어나고 자라서 늘 한국어에 둘러싸여 자란 한국인들에 비해서 아무래도 한국어가 서투를 수밖에 없지. 마찬가지로 메타버스 세상에서 자연스럽게 친구들과 어울려 살아가는 아이들을 어른들은 아무리 해도 따라잡지 못해. 어른들은 메타버스 세상을 공부해서 따라잡으려고 노력하는 것이지만, 지금 세대들은 메타버스 세상에서 배우고, 놀고, 자라면서 자연스럽게 메타버스의 감각을 익히게 되니까 말이야.

메타버스 네이티브들은 메타버스에서 필요한 것이 무엇인지 본능적으로 알고, 어떻게 행동해야 하는지 그리고 어떻게 행동하면 메타버스 세상에 이득이 되고 자신에게도 도움이 되는지 알지. 그렇게 아는 일들을 함으로써 메타버스 세상의 리더가 되는 거야. 그런데 앞으로의 세상은 메타버스에서 펼쳐진다고 하니, 메타버스 세상의 리더가 된다는 건 곧 미래의 리더가 된다는 말과 같아. 그리고 메타버스는 공간과 국가를 초월한 것이니까 메타버스 세상의 리더는 곧 글로벌 리더이기도 해.

지금 바로 그 기회가 눈 앞에 있어. 메타버스 세상이 아직 본격적으로 펼쳐지기 전이기 때문에, 누구라도 메타버스 세상의 리더가 될 수 있는 가능성이 있는 것이지. 먼저 알아보고 준비하고, 적극적으로 나서는 사람에게는 커다란 기회로 가는 노란 벽돌길이 눈에 보이게 될 거야.

이 책이 하나의 계기가 되었으면 해. 메타버스의 원리, 이해, 감각과 미래 그리고 무엇보다 거기서 우리가 무엇을 준비해야 하는지 등 다양하게 이야기하고 있는 만큼 메타버스를 이해하는 데 큰 도움이 될 거야.

그리고 훗날 메타버스 세상을 끌고 가는 글로벌 리더가 되면 언론사들과 인터뷰 하나만 해 줘. '이 책을 통해 메타버스에 관심을 가지게 되었다.'라고. 그럼 부탁할게.

이시한

작가의 말 ········ 3

1. 메타버스가 뭐예요?

언제든 원하는 꿈을 꿀 수 있다면? ········ 10
도대체 메타버스가 뭐야? ········ 12
메타버스와 현실은 어떤 관계? ········ 18
게임과는 뭐가 다르지? ········ 22

2. 메타버스 세상은 어떻게 바뀔까?

메타버스가 바꿀 미래 ········ 32
프랑스 친구를 사귀었어 ········ 33
스페인으로 당일치기 현장 학습을! ········ 36
오전에는 BTS, 오후에는 김연경 선수 만나기 ········ 42
아프리카로 여행을 떠날 거야! ········ 51
한국에서 미국으로 매일매일 출퇴근 ········ 55
우리를 치료해 줘 ········ 60

3. 메타버스 세상이 오려면

메타버스는 언제 시작될까? ……… 66
스마트폰 다음은 메타버스 ……… 68
말이 통해야 메타버스지 ……… 72
메타버스, 이제 곧! ……… 76
메타버스가 이상 기후의 해결책? ……… 77

4. 메타버스의 그림자

메타버스가 가져올 문제점 ……… 84
메타버스로 현실 도피? ……… 85
'부캐'인 아바타가 범죄를 일으켜 ……… 89
목숨이 여러 개 있다면? ……… 94
비대면의 함정 ……… 96

5. 메타버스 세상을 위한 준비

메타버스, 어떻게 준비할까? ……… 100
호기심을 따라가자 ……… 102
열린 마음으로 빠르게 적응하기 ……… 107
의사소통 능력을 키우는 독서 ……… 110
손은 말보다 빠르다, 실천의 힘 ……… 114
행동의 이유를 찾아라, 통찰력 ……… 118
창의적 대안을 만드는 문제 해결력 ……… 122

에필로그 – 결국은 '사람'이 중요해 ……… 126

1
메타버스가
뭐예요?

언제든 원하는 꿈을 꿀 수 있다면?

혹시 어젯밤에 무슨 꿈 꿨어? 달나라에 가는 꿈? 놀이공원에서 노는 꿈? 좋아하는 만화 속 주인공이 되는 꿈? 자세히 기억 안 난다고?

물론 일어나면 금방 잊어버리긴 하지만, 그래도 우리가 꿈을 꾸는 동안에는 진짜 세상인 줄 알고 신나서 돌아다니곤 하잖아.

그런데 만약 원할 때, 원하는 꿈속으로 언제든지 들어갈 수 있다면 어떨 것 같아? 게다가 혼자가 아니라 친한 친구랑 같이 말이야. 피터 팬의 나라인 네버랜드에 친구와 같이 가서 해적 후크 선장과 싸우는 거야. 네버랜드에서는 하늘을 날 수도 있겠지.

어떻게 그럴 수 있냐고? 간단해. 요정 가루를 몸에 뿌리고, 세상에서 가장 행복한 상상을 할 필요도 없어. '메타버스'에 접속하면 되거든.

메타버스라는 말을 들어 본 적 있니? 들어 본 적 없다고? 하지만 앞으로 자주 듣게 될 거야. 메타버스야말로 네버랜드이고, 현실 세계이며, 우리 앞에 펼쳐질 미래니까. 앞으로의 미래는 메타버스 안에서 열리게 되거든. 그러니 우리가 미래를 살아가려면 메타버스를 모르고서는 안 되는 거지.

　이쯤 되면 메타버스가 대체 무엇인지 너무 궁금해지지 않니? 그럼 함께 메타버스에 대해 알아보자.

도대체 메타버스가 뭐야?

요즘 신문이나 인터넷 등에는 '메타버스'라는 단어가 자주 나와. 하지만 메타버스가 뭐냐고 물어보면 아마 어른들도 대부분 정확하게 대답하

지 못할 거야. 계속 보다 보니 대충 뭔지 짐작은 하겠는데, 막상 정확하게 "메타버스가 뭐예요?"라고 물으면 고개를 갸웃하게 되거든.

메타버스(Metaverse)는 '메타(Meta)'라는 말과 유니버스(Universe)의 뒷부분인 '버스(verse)'를 합해서 만든 말이야.

'메타'는 그리스어 μετα에서 비롯된 말인데, '~사이에, 뒤에, 넘어서'라는 뜻으로 쓰여. 그러니까 '어떤 것을 넘어서 있는 것'을 말하는데, 우리말로는 흔히 '초월'이라고 번역해.

'유니버스'는 하나의 세계를 말해. 세계는 하나밖에 없는데 왜 '하나의 세계'라는 말을 쓰냐고? 그야, 우리 상상 속에는 여러 가지 세계가 존재하기 때문이지. 유니콘이 뛰어노는 환상의 세계도 있고, 아이언맨이나 스파이더맨 같은 슈퍼히어로들이 존재하는 마블 영화의 세계도 있잖아. 영화에서도 '멀티 유니버스'라는 말을 줄여 '멀티버스'라고 쓰면서, 여러 세계가 공존하고 있다는 설정을 보여 주기도 하고 말이지.

그러니까 단순하게 이 말들을 합하면 메타버스라는 말의 뜻은 초월 세계, 혹은 초월 공간이라고 할 수 있어. 뭘 초월하냐고?

바로 현실을 초월하는 거야. 그러니까 다시 말하자면 메타버스는 현실을 초월한 세계나 공간이라는 뜻이 되는 거야.

우리가 현실에서 친구들을 만나려고 할 때는 두 가지 조건이 맞아야 해.

"다섯 시에 학교 앞 호돌이 분식점에서 만나."라고 한 친구가 그랬는데, 내가 그걸 잘못 알고 '여섯 시'에 호돌이 분식점으로 가면 친구를 못 만나겠지? 또 다른 친구는 다섯 시에 만나는 건 제대로 들었는데, '호돌이'라는 말을 잘못 듣고 '곰돌이 분식'에서 기다리면 역시 못 만나게 될 거야. 그러니까 현실에서는 누군가를 만나고 다 같이 모이려면 두 가지 조건, 즉 시간과 공간이 맞아야 해.

메타버스는 이 가운데 하나의 조건을 없앤 세계야. 그게 뭐냐고? 바로 공간이야. 사실 더 정확하게는 없앤 게 아니라 디지털 세상에 공간을 만들었다고 할 수 있지.

디지털 세상에 공간을 만들었다는 게 무슨 말이냐고? 온라인 게임을 생각해 봐. 게임을 하기 위해 인터넷에 접속하면 거기에 게임이 펼쳐지는 공간이 존재하잖아. 메타버스도 그런 거야.

디지털 세상에 공간을 만들다 보니, 현실에서는 인터넷 접속만 할 수 있으면 어디서든 그 공간으로 찾아가는 데 몇 초가 안 걸리게 되는 거야. 그런 면에서는 공간적 제약을 없앴다고 할 수 있지. 친구가 미국으로 이민을 가게 되더라도 메타버스에서는 서로 시간만 맞추면 만날 수 있어.

그러면 전화랑은 뭐가 다를까? 전화 역시 서로 시간만 맞추면 공간에 상관없이 친구를 만날 수 있는 거잖아.

메타버스는 공간을 초월하지만, 공간 안에서 만난다는 게 진짜 특징이야. 디지털 세상에 만들어진 공간에서 만나니까 말이야.

공간 안에 내가 존재하려면 뭐가 있어야 할까? 목소리만 있으면 될까? 아냐, 그건 꼭 유령 같잖아. 공간 안에서 나의 존재를 나타내기 위해서는 형체가 있어야 해. '몸'이 있어야 한다는 말이야. 그 역할을 하는 게 바로 아바타야. 아바타는 메타버스 공간에 존재하는 내 분신이야. 메타버스 공간에서는 아바타가 바로 나인 거지.

아바타는 메타버스 공간 안에서 나 대신 행동을 해. 대화하는 상대를 바라본다든가, 갑자기 밖으로 뛰어나간다든가, 라면을 먹는다든가 하는 일을 아바타가 하는 거야. 그렇기 때문에 메타버스 공간 안에서도 '경험'하는 것이 가능하다고 할 수 있어.

그리고 아바타로 모이다 보니 몇십 명, 아니 몇백 명도 같은 메타버스에서 연결될 수 있어. 여러 명이 참여해서 아이돌 콘서트에 갈 수도 있고, 이집트 관광을 할 수도 있고, 학교 수업을 할 수도 있어.(그래. 마지막 예가 좀 마땅찮을 수 있는데, 우리의 현실을 그대로 대체할 수 있다는 이야기야.)

어때, 전화와는 완전히 다르지?

메타버스와 현실은 어떤 관계?

여기서 재미있는 부분이 있어.(선생님들이 재미있다고 한 것치고 실제 재미있는 것은 없지만, 이건 진짜 신기한 부분이야.) 메타버스는 공간을 초월한다고 하지만 실제로는 철저하게 공간의 지배를 받는다는 거야. 같은 디지털 공간 안에 있어야 한국과 미국의 친구가 만날 수 있거든.

같은 메타버스 공간 안에 없으면 그야말로 유령처럼 볼 수만 있지 자신의 존재를 드러낼 수 없어. 다른 사람과 만난다든가, 학교 수업을 듣는다든가 할 때는 같은 디지털 공간 안에서 아바타로 구현된 친구들이 서로 만나야, 실제로 만났구나 하는 느낌이 들 거야.

그런데 메타버스에서 학교 수업을 진행하려고 할 때, 조금 더 학교 수업같이 느껴지려면 어떻게 해야 할까? 디지털 공간을 실제 자신의 학교 교실처럼 꾸며 놓으면 되겠지. 그리고 아바타도 실제 선생님이나 친구들의 얼굴을 닮으면 더더욱 실감이 날 거고 말이야. 이렇게 디지털 세상을 현실과 매우 비슷하게 만드는 것을 '디지털 트윈'이라고 해. 디지털 쌍둥이라는 뜻이야.

메타버스를 통해서 현실의 만남이나 사건, 일들을 처리하려고 할 때는 보통 현실을 그대로 옮긴 메타버스 공간을 만들게 돼. 우리나라의 대표적인 메타버스 플랫폼 '제페토' 안에는 '롯데월드'가 있는데, 이곳은 서울 잠실에 있는 진짜 롯데월드와 매우 비슷하게 만들어 놓았어. 이렇게 해야 정말로 롯데월드에 온 것 같은 기분이 나기 때문이야.

아, 플랫폼이 뭐냐고? 사실 플랫폼은 정의하기 어려운 개념이야. 단어가 어려운 게 아니라 그 뜻 자체가 계속 바뀌어 왔기 때문인데, 원래는 컴퓨터의 운영 체제를 뜻하는 말이었어. 그런데  스마트폰이 나오고, SNS 같은 서비스들이 나오면서 이제는 하나의 장이라는 개념으로 더 많이 쓰여. 여러 참여 주체들을 하나로 모을 수 있는 디지털 공간이자, 시스템인 거지.

만약 메타버스를 현실의 연장이 아닌, 현실과는 다른 판타지 공간으로 꾸미고 싶다면 현실에 없는 공간을 만들면 돼. 화성과 목성을 연결해 우주에서 놀이기구를 타게 한다든가, 학교 수업을 깊은 바닷속에서 하게 만든다든가 하는 식으로 말야.

아바타도 마찬가지야. 아바타 선생님이 수업을 하는데, 핑크색 번개 머리 스타일이라면 학생들은 아무래도 집중이 잘 안 될 거야. 그런 아바타로는 조선 시대 역사를 가르치는 것보다 록 음악을 부르는 게 더 어울릴 것 같거든. 그래서 앞서 말한 것처럼, 학교 수업처럼 현실을 바탕으로 하는 일을 할 때는 아바타 역시 현실과 닮게 설정하는 경향이 있어.

반대로 현실에서 벗어난 일을 할 때도 있잖아? 게임 같은 것들이 메타버스로 구현될 때 아바타는 현실의 자신과 전혀 닮지 않은 스타일로 해도 상관이 없겠지. 심지어 사람이 아닌 몬스터인 경우도 있고, 로봇으로 아바타를 설정하기도 해.

그러니까 메타버스는 현실 사체를 그대로 표현할 수도 있고, 반대로 현실에서는 절대 불가능한 판타지 세계를 표현할 수도 있다는 거야. 아바타나 공간 모두 마찬가지야.

게임과는 뭐가 다르지?

여기까지 메타버스를 설명하면 많은 사람들이 궁금해하는 게 있어. 바로 "게임이랑은 뭐가 달라요?" 하는 거야. 게임 역시 현실을 바탕으로 할 때도 있고 현실을 초월할 때도 있잖아. 아바타로 자신을 나타내는 것도 똑같고.

그래서 사실 메타버스를 '초월 공간'이라고 정의하는 것은 충분치 않아. 정확하게 메타버스를 이해하려면 '실시간 사회적 관계를 통해 경제 활동이 일어나는 초월 공간'이라고 정의 내려야 돼. 말이 조금 어렵지?

혹시 '자유도'라는 말을 들어 본 적 있니? 아마 온라인 게임을 많이 하는 사람은 이 말을 알 거야. 게임의 '자유도'는 게임 안에서 아바타가 자유롭게 선택하고 행동할 수 있는 정도를 말해. 게임에는 보통 보물을 찾는다든가, 성을 빼앗는다든가 하는 미션이 있고, 해야 할 행동이 어느 정도 정해져 있잖아. 그런 경우에는 아바타의 자유도가 낮은 거야. 반면, 꼭 그런 미션을 수행하지 않아도 다른 것을 할 수 있다면 자유도가 높은 거지.

메타버스는 게임보다 아바타의 자유도가 훨씬 높아.

'게임 아바타로 그런 미션 수행을 안 하고 그냥 돌아다니면 자유도가 높은 거 아닌가요?'라고 생각하는 사람 있지? 좋아! 그런 호기심을 가진 사람이 메타버스 세상에서는 훨씬 유리하니까 말이야.

게임에서는 주어진 미션을 하지 않으면 그냥 아바타를 가지고 돌아다니는 것밖에 할 게 없어. 당연히 재미가 없겠지? 하지만 메타버스 안에서는 미션을 하지 않고 자기가 하고 싶은 다른 걸

할 수 있어. 예를 들어 마왕을 물리치러 용사들이 들러야 하는 광장이 있다면, 마왕을 물리치러 가지 않고 그 광장에서 노래를 부르며 공연을 할 수 있다는 거지.

그리고 더 중요한 게 있어. 메타버스가 게임과 가장 크게 다른 점은, 메타버스 안에서 하는 활동으로 경제적 이익을 얻을 수가 있다는 거야. 좀 멋지게 이야기했지만, 조금 더 쉽게 이야기하면 메타버스 안에서 하는 활동으로 돈을 벌 수 있다는 얘기야. 가상의 돈 말고 실제 돈 말이야.

예를 들어 광장에서 노래 부르는 공연을 했더니 사람들이 음악을 듣고 대가를 줬다고 해 보자. 그 대가를 '도토리'라고 부를게. 게임에서는 그게 그냥 도토리로 남지만, 메타버스에서는 그 도토리를 실제 돈으로 교환할 수 있어. 그러니까 내가 홍대 앞에 가서 노래를 부르고 공연료를 받나, 메타버스 안 광장에서 노래를 해서 공연료를 받나 결과적으로는 똑같은 거지.

메타버스에서 하는 활동으로 돈을 벌 수 있다면 또 어떤 일이 일어나겠어? 바로 일자리가 생기는 거야. 메타버스 세상이 직장이 되는 거지.

예를 들어 메타버스 안에 백화점이 있다고 생각해 봐. 디지털 안에서 물건을 사고, 택배를 통해서 진짜 물건이 배달되는 거야. 온라인 쇼핑몰이랑 그다지 다를 게 없어 보인다고? 하지만 큰 차이가 있어. 메타버스에서 물건을 사는 건 '실시간으로 일어나는 사회적 관계'라는 거야.

온라인 쇼핑몰은 물건에 대한 정보만 있고, 채팅창에 대화를 해도 챗봇이 정보만 알려 주는 식이야. 손님과 점원 사이의 인간적인 교감 같은 건 전혀 없어. 물건을 살 때 손님은 쇼핑몰이 미리 올려놓은 정보만 보고 살지 말지를 판단해야 해.

그런데 메타버스 쇼핑몰에는 실시간으로 점원이 같이 존재한단 말야. 만약 점원 아바타에게 "요즘 어떤 게 잘 나가요?" 하고 말을 걸면, 점원 아바타가 답을 해 준다든가, 물건을 추천해 주는 거야. 실제 쇼핑할 때 일어나는 일이 그대로 일어나는 거지. 그러면 점원이 "학생이니까 내가 샘플 서비스 하나 더 줄게."라고 하는 아주 바람직한 일도 일어날 수가 있겠지?

이건 곧 물건을 파는 점원과 실시간 소통을 통해서 사회적 관계를 만드는 거야. 이렇게 되면 진짜 쇼핑 같은 느낌도 날 거야. 친구 아바타를 초청해서 같이 쇼핑을 가면 진짜로 친구랑 쇼핑 가서 같이 논 것 같은 느낌도 날 거고 말이야.

그런데 더 중요한 게 있어. 점원은 실제 가게처럼 메타버스 쇼핑몰 안에서 근무를 해. 메타버스의 중요한 특징이 실시간 소통이니까, 점원의 아바타 뒤에는 실시간으로 손님과 대화를 하거

나 판매를 하는 사람이 존재하는 거야.

　그렇다는 얘기는 메타버스 안에서 일자리가 생겨난다는 말이야. 흔히 집에서 회사 일을 하는 '재택 근무'는 사무직 직원만 할 수 있다고 생각하기 쉬운데, 판매식이나 서비스직 같은 경우도 메타버스 세상에서는 얼마든지 재택 근무가 가능해. 그러니까 메타버스 세상에서는 일자리를 지금보다 더 많이 만들 수 있어. 메타버스 쇼핑몰의 점원으로 일할 수도 있지만, 아바타가 입을 물건을 디자인해서 판다든가, 아바타가 살 집을 건축해 준다든

가 하는 식으로 돈을 벌 수도 있지.

 게임은 이런 경제적 활동을 할 수가 없잖아. 자유도도 제한되어 있고. 그런데 메타버스는 자유로운 활동을 하고, 사람들 사이의 실시간 관계를 통해 돈을 벌 수 있어. 그렇다는 얘기는 메타버스가 또 하나의 사회라는 거지. 그래서 사람들은 메타버스에 관심이 많은 거야.

 우리 친구들이 게임을 하고 있으면 어른들은 걱정을 하거나 심지어 화를 내기도 하지? "게임 한다고 돈이 나오냐?!" 하면서 말이야. 이제는 메타버스를 하면 돈도 나오고 직업도 얻을 수 있어. 공부 잘해서 명문대에 안 가더라도, 메타버스 안에서 충분히 돈을 벌 수도, 사회적으로 크게 성공할 수도 있다는 거야. 미래의 직업은 현실보다는 메타버스상에 훨씬 많을 수도 있어. 메타버스가 현실 못지않은, 그리고 자신이 메타버스상에서 직업을 가지고 있다면 어떻게 보면 현실보다 더 중요한 또 하나의 세상이 되는 거지.

 어때? 이 정도면 메타버스가 어떤 것이고 왜 사람들이 메타버스에 관심이 많은지 알겠지?

2 메타버스 세상은 어떻게 바뀔까?

메타버스가 바꿀 미래

메타버스는 우리 생활의 터전이 디지털로 바뀌는 큰 사건이야. 매일매일 현실의 학교에 등교하는 것이 아니라, 일주일에 두세 번은 메타버스 학교로 등교를 할 수도 있어. 어른들은 매일 회사에 가지 않고 집에서도 회사를 다닐 수 있다는 얘기이기도 하지.

우리 생활이 디지털 안으로 들어가게 되면, 우리가 지금까지 당연하게 여기던 여러 가지 생활 방식 그리고 현실을 바탕으로 한 삶의 모습들이 상당히 많이 바뀌게 돼. 사실 모든 게 다 바뀔 수도 있어.

그런데 더욱 중요한 것은 지금부터 이야기하는 변화들은 먼 미래가 아닌, 이 책을 읽는 우리 친구들이 대학생 때쯤 되면 실현될 미래라는 거야. 그러니까 디지털 대전환의 시대가 가까이 와 있는데, 그 전환의 주역이 바로 우리 친구들이라는 거지. 도대체 어떤 변화들이 일어나는지 구체적으로 알아볼까?

프랑스 친구를 사귀었어

초등학생인 한나는 며칠 전부터 메타버스 안에서 BTS의 노래에 맞춰 아바타로 군무를 추는 연습을 하고 있어.

사실 메타버스 이야기는 많이 들었지만 그다지 큰 관심이 없어서 메타버스를 활용하지 않고 있다가, BTS 커뮤니티가 있다고 해서 한 달 전부터 메타버스에 들어와 돌아다니기 시작했어. 그러다가 지난주에 커뮤니티 게시판에 BTS 노래에 맞춰 군무를 추고 그것을 영상으로 녹화할 사람 모이라는 제안이 올라와서 재빠르게 신청을 한 거야.

내일이 대망의 녹화 날이어서 오늘은 한 시간째 연습 중인데, '클로에323'이라는 아이디를 가진 아이가 계속 틀려서 조금 의기소침해진 것 같아. 한나는 쉬는 시간에 클로에323에게 다가가 음성으로 말을 걸었어.

"그냥 우리끼리 하는 건데 조금 틀리면 어때. 괜찮아."

"고마워. 새벽에 일어나서 하려니까 너무 졸려서 정신을 못 차리겠어."

"어? 넌 어디에 사는데?"

"난 프랑스야. 넌?"

"난 한국."

"오, BTS의 나라구나. 너무 부럽다."

"너 프랑스로 이민간 거야?"

"아니? 난 프랑스 사람인데."

"프랑스 사람이 한국말을 왜 이렇게 잘해?"

"무슨 소리야? 통역 필터를 켠 거잖아."

아직 한나가 메타버스에 익숙하지 않은 모양이네. 그래, 앞으로의 메타버스에서는 음성으로 하는 대화, 글로 하는 채팅 등 모든 소통에서 통역과 번역이 자유자재로 될 거야.

메타버스는 공간을 초

월하기 때문에 기본적으로 '글로벌'이라는 전제가 있어. 전 세계를 대상으로 하는 거지. 우리나라뿐만 아니라 세계 각국의 사람들이 언어를 초월해 모일 수 있어야 진정한 메타버스라고 할 수 있는 거야.

메타버스에 마련한 자신의 집 앞에 자기 이야기를 써 놓아 길 가던 사람들이 보게 할 수 있는데, 그러면 브라질에서는 브라질 말로, 독일에서는 독일 말로, 말레이시아에서는 말레이시아 말로 그 글이 읽히게 될 거야. 우연히 만난 사람과 이야기를 나눠도 그 사람이 아는 나라의 말로 소통이 일어나게 되고 말이야. 그래서 메타버스에서는 어떤 일을 하거나 이야기를 나누면 그 대상은 전 세계가 되는 거야.

통번역이 자유자재로 된다는 것은 메타버스에서 누구를 만나든 언어나 국가의 제약 없이 대화를 나누고 친구가 될 수 있다는 거야.

사실 물어보지 않으면 메타버스에서는 상대방이 어느 나라 사람인지 알 길이 없어. 아바타라서 인종도 알 수 없고, 심지어 남자인지 여자인지도 알 수 없지. 그래서 메타버스에서는 나라나 인종, 성별에 대한 편견 없이 누구나 동등한 위치에서 친구가 될 수 있어.(그러니 어떤 나라에 가 봤더니 지저분했다느니, 어떤 나라 사람들은 불친절했다느니 하는 말을 함부로 하면 안 돼. 앞에서 지금 웃으며 대화하고 있는 사람이 바로 그 나라 사람일 수 있으니까.)

스페인으로 당일치기 현장 학습을!

"여러분, 이제부터 스페인으로 갈 거예요. 특히 우리가 갈 바르셀로나는 무엇으로 유명한지 아는 사람?"

"바르셀로나 축구팀이요.", "콜럼버스가 처음 항해를 떠난 곳이요."

여러 가지 답이 나왔지만 선생님은 무언가 더 기대한다는 표정이야.

"그것도 유명하지만, 우리가 배우는 건축에 관해서 아주 유명한 인물이 있어요."

"아! 이름은 까먹었는데, 옥수수 같은 성당을 만든 사람이요."

진수가 대답했어. 그러자 다른 아이들이 진수를 구박했지.

"어떻게 옥수수 같은 건물이 있어?"

"맞아. 옥수수 농장 건물도 그렇게는 못 짓겠다."

선생님이 재빠르게 나섰어.

"여러분, 진수가 열심히 공부했네요. 맞아요. 옥수수 같은 성당이 있어요."

아이들이 웅성대기 시작했어.

"사그라다 파밀리아라는 성당인데, 무려 140년째 짓고 있어요. 그 성당을 만든 사람은 가우디라는 건축가예요. 이제부터 우리는 스페인으로 가서 가우디의 건축물들을 만날 거예요. 앞에 있는 고글을 써 주세요."

아이들은 고글을 쓴 순간 사그라다 파밀리아 앞에 서 있었고, 그 거대하고 기괴하고 압도적인 성당의 모습에 입을 다물지 못했어. 무엇보다 진짜로 옥수수처럼 생겨서 더욱 그랬지.

사그라다 파밀리아 성당은 바르셀로나의 대표적인 관광 명소이자, 세계적인 건축가 안토니오 가우디의 대표작이야. 1882년에 시작된 성당 공사가 아직도 완성이 안 돼서,

굉장히 오랜 시간 정성 들여 짓는 성당으로도 유명하지.

그런데 스페인 바르셀로나에 위치한 이 성당을 우리는 메타버스를 통해 쉽게 가 볼 수 있어. 게다가 실제 건축물은 아직 완공되지 않았지만, 메타버스 안에서는 완공되면 어떤 모습인지 볼 수 있게 만들 수도 있지.

이렇게 되면 실제로 가서 보는 것보다 더 나은 관람 경험을 제공할 수 있겠지? 그리고 무더운 바르셀로나의 여름 날씨에 엘리베이터를 타기 위해 긴 줄을 서지 않아도 성당의 맨 꼭대기까지 순식간에 올라갈 수 있어. 거기서 바라보는 바르셀로나 전경은 그야말로 장관일 거야.

이렇게 교육에서 메타버스를 응용하면 현장 학습, 체험 학습이 굉장히 손쉬워져. 동해 바닷속 생태계에 대해서 배울 때면 실제 바닷속으로 들어가서 어떤 고기 종류가 있는지, 동해의 물길은 어떻게 흐르고 있는지 체험할 수도 있을 거야. 이왕 간 거 독도 주변의 해양 생태계도 알아보고, 독도의 일출을 보고 올 수도 있겠지.

그리고 메타버스는 공간뿐 아니라 시간을 초월할 수도 있어. 퇴적암에 대해 배우면서 실제로 1억 8천만 년 전 쥐라기 시대로 돌아가 어떻게 지층이 쌓이는지 보고, 현재의 퇴적암 지대로 와서 그것이 어떤 식으로 보이는지 확인할 수도 있을 거야.

이왕 쥐라기 시대로 간 거 공룡들도 좀 찾아볼까? 티라노사우루스가 보고 싶다고? 그러면 쥐라기가 아니라 백악기로 가야 해. 티라노사우루스는 백악기 시대의 공룡이거든. 손쉽게 백악기로 갈 수 있으니 걱정하지 마. 타이머를 움직여서 백악기로 건너뛰면 되거든. 하지만 티라노사우루스가 뒤따라오면 생각보다 실감 나서 무서울 테니 각오 단단히 하라고!

역사도 교실에서 배우지 않고 메타버스에서 체험할 수 있어. 임진왜란에 대해서 배우면, 메타버스에서 임진왜란 때로 돌아가 그때 일어났던 전투를 눈앞에서 볼 수도 있는 거야. 글로만 보는 것보다 눈앞에서 이순신 장군님의 활약을 보면 조금 더 이순신 장군님에 대한 존경심이 생길걸?

　이렇게 체험을 통해서 익힌 지식은 굉장히 오래 기억에 남고, 실제로 자신이 경험한 것은 지식을 넘어 지혜가 될 수 있어. 그래서 많은 교육의 도구들이 메타버스로 바뀌게 될 거야.

오전에는 BTS, 오후에는 김연경 선수 만나기

　한나는 BTS 댄스 챌린지에 같이 참여했던 프랑스 친구 클로에와 절친이 되었어.

　특히 가장 좋아하는 BTS 멤버가 같다 보니, 통하는 게 많았지.

"클로에, 뭐 재미있는 이벤트 없어?"

"한나, 못 봤어? BTS 콘서트가 브라질에서 있다고 어제 발표됐어."

"그런데 그건 브라질이잖아. 한국에서 가기에 너무 멀어."

"한나, 발표 제대로 안 봤구나. 브라질에서도 하고 그걸 메타버스에서 XR 콘서트 형식으로 중계해서 전 세계 어디서나 볼 수 있도록 할 거래."

"진짜!! 꺄아~~ 메타버스 최고다!!"

"노노, BTS가 최고지."

코로나19 때문에 2년여 동안 전 세계의 콘서트가 거의 멈춘 적이 있지. 그런데 그때 트래비스 스캇이라는 뮤지션이 '포트나이트'라는 메타버스 공간에서 전 세계인을 대상으로 콘서트를 열었어. 40여 분 정도의 공연이었는데, 전 세계에서 이 공연을 관람한 누적 인원이 2,700만 명이야. 더욱 놀라운 것은 동시 접속한 사람이 1,250만 명 정도래. 그 많은 사람이 동시에 콘서트를 즐겼다는 거지.

메타버스에서 열리는 콘서트나 이벤트, 축제 같은 각종 페스티벌은 전 세계 사람이 대상이야. 일단 장소에 구애받지 않으니까 말이야. BTS 콘서트가 브라질에서 열린다고 하면 비행기를 타고 거기까지 가서 콘서트를 관람하는 사람들도 있지만, 한국에

있는 우리가 학교도 안 가고 그 콘서트 가기에는 여건이 안 될 수밖에 없어. 그리고 사소하게는 돈도 좀 모자라지. 용돈을 한 10년 정도 모아야 비행기 값과 호텔비 등이 나올 거야.

하지만 메타버스에서 이런 행사가 열리면 이 모든 장애물이 해소가 돼. 토요일 아침에 브라질을 배경으로 열리는 BTS 콘서트에 참여했다가, 저녁에는 화성에서 열리는 블랙핑크 콘서트에 갈 수도 있어. 경기

도 화성 말고 지구 밖에 있는 행성 화성 말이야. 실제로 2023년 말에 우리나라에서 '데마르스'라는 화성 테마의 메타버스가 만들어지는데, 여기서 XR 기술을 이용해서 K-POP 콘서트 같은 것이 열리기로 되어 있어.

XR 기술이 뭐냐고? 우리말로는 '확장 현실'이라고 해. VR은 '가상 현실'인데, 흔히 영화에서 머리에 고글 같은 것을 쓰고 가상 세계로 빠져들게 만드

는 도구가 나오잖아. 그리고 AR은 '증강 현실'이라고 해. 스마트폰을 건물에 가져다 대면 건물 옆으로 건물에 대한 설명이 보인다든가 하는 거야.

XR은 VR이나 AR처럼 실제로 체험하는 느낌을 주기 위한 모든 기술을 통틀어서 이르는 말이야. 그러니까 VR이나 AR 외에도 앞으로 나올, 실감을 느끼게 하기 위한 기술들이 모두 XR이라는 말로 표현될 수 있어. 콘서트 같은 경우 XR 기술이 적용되면 진짜 현장에 있는 것처럼 느낄 수 있게 될 거야.

그런데 메타버스로 콘서트만 다니면 어른들 보기에 너무 논다 싶을 수도 있어. 그러니 저녁쯤에는 미국 라스베이거스에서 열리는 CES라는 세계 최고의 전자제품 박람회에 가 보자고. 거기서 요즘 나오는 최신 기술이 뭔지 관람하고 올 수도 있지. 기술 쪽으로 관심이 없으면 대영 박물관에서 열리는 특별 기획전에 다녀올 수도 있고 말이야.

행사, 전시, 국제 회의, 콘서트 같은 것들은 메타버스에서 개최하면 아주 효율적이야. 전 세계 사람들이 비교적 쉽게 참여할 수 있으니 말이야.

그리고 강연 같은 것도 메타버스에서 이루어지면 매우 효과적이야. 축구를 배우고 싶어? 그러면 영국 프리미어 리그에서 활

약하고 있는 손흥민 선수에게 직접 배우자고. 스스로 목적지까지 찾아가는 자율 주행차에 대해서 알고 싶으면 이 분야에서 가장 앞서가는 자동차 회사인 테슬라의 CEO 일론 머스크에게 직접 배울 수도 있어.(거미의 생태에 대해서 알고 싶으면 스파이더맨에게 배워야 하나?)

메타버스는 강연할 사람이 일일이 전 세계를 찾아다니지 않아도 되고, 동시에 전 세계 수많은 사람들을 만날 수도 있어. 그러니 메타버스에서는 전 세계 최고의 전문가나 유명인들을 만나고, 그들에게 무언가를 배울 기회도 많을 거야.

그리고 아까 말했던 '더마르스'라는 화성 테마의 메타버스에서는 콘서트만 하는 게 아니라 강연도 하고, 상점도 있고, 게임도 할 수 있어. 아침에 BTS 콘서트 갔다가, 오후에는 화성 관광도 하고, BTS 굿즈도 사면서 시간을 보내다가 저녁때는 세계적인 유명인에게 학교 숙제와 관련한 강연을 들을 수도 있지. 학교 수행 평가 때문에 배구를 배워야 하면 세계적인 배구 선수 김연경 선수에게 직접 배우자고.

이처럼 본격적인 메타버스는 일일이 테마마다 다른 메타버스를 찾아다니는 것이 아니라, 한 메타버스 안에 다양한 사회, 경제 활동이 다 들어가 있어.

아프리카로 여행을 떠날 거야!

한나는 여름 방학을 맞아서 클로에와 같이 시간을 보내기로 했어.

"클로에, 우리 뭐 할까?"

"한나, 남아프리카 공화국에 가 본 적 있어?"

"그게 어디야?"

"아프리카 남쪽 끝에 있는 나라야. 거기 한번 가 볼래?"

"뭐가 좋은데?"

"여행자들이 가장 추천하기도 하면서, 가장 추천하지 않는 여행지래."

"왜?"

"풍경이나 그런 건 너무 아름다운데, 여행자들이 돌아다니기에 조금 위험한가 봐."

"우린 메타버스에서 갈 거니까 그건 괜찮잖아."

"그러니까. 내 말이."

"그래, 가자. 오늘은 거기서 놀자."

한나랑 클로에가 점점 친해지고 있네. 둘이 오늘은 메타버스에서 하루 종일 같이 돌아다니기로 했나 봐. 물론 직접 돌아다니는 게 아니고 두 사람의 아바타가 돌아다니는 거지만 말이야.

남아프리카 공화국은 줄여서 남아공이라고도 부르는데, 아프리카 대륙 남쪽 끝에 있는 나라야. 관광으로 유명한 나라인데, 그중에서도 사파리 관광이 발달했어.

한나와 클로에도 아마 사파리 투어를 하겠지? 그러면 사자, 코끼리, 코뿔소 같은 동물들과 초원에서 만나게 될 거야. 메타버스에서 친구와 함께 여행을 한다는 것은 계속 수다를 떨며, 이런저런 여행 체험을 해 볼 수 있다는 뜻이거든. 그러니까 진짜 친구와 즐거운 추억을 쌓을 수 있는 경험을 주는 거지.

남아공의 수도 케이프타운의 쇼핑몰에서는 한나와 클로에가 같이 쇼핑을 할 수도 있을 거야. 두 사람의 아바타가 전통 의상을 입어 보기도 하고, 그것을 셀카로 찍어서 SNS에 공유할 수도 있지. 너무 마음에 든 목각 인형 기념품이 있으면, 거기에 '클로에와 한나'라고 이름을 새긴 다음에 각자 하나씩 구매할 수도 있어. 그건 일주일 후에 한국에 있는 한나의 집과 프랑스에 있는

클로에의 집으로 배송될 거야. 진짜 집 말이야.

 물론 메타버스에서는 현실이 아닌 세계도 갈 수 있어. 그건 그거대로 재미있겠지만, 현실 어딘가에 실제로 존재하는 곳을 메타버스에서 그대로 경험하는 것은 색다른 재미를 줄 거야. 그리고 그 여행을 즐길 친구와 함께 대화를 하고, 같이 걷고, 같이 쇼핑을 하고, 같이 기념사진을 남길 수 있다면 그야말로 완벽한 여행인 거지.

 이런 메타버스에서의 여행은 실제 여행을 대신할 수도 있지만, 또 한편으로는 그곳에 실제로 가고 싶다는 생각을 불러일으켜서 훗날 실제 여행으로 연결될 수도 있어. 메타버스에서 한번 체험해 본 곳을 실제로 가서 보고 경험한다면, 마치 영화 속에 들어간 기분이 들기도 할 거야.

 이런 관광 메타버스는 주로 국가나 지방 자치 단체 차원에서 직접 만들고 있어. 예를 들어 서울시 같은 경우는 2026년에 서울 관광이 테마인 메타버스를 본격적으로 완성할 예정이래.

한국에서 미국으로 매일매일 출퇴근

한나의 언니 한이는 대학 졸업반인데, 지금 취업 준비에 한창이야. 언니는 프랑스에 본사를 둔 세계적 기업의 미국 지사에 지원하려고 해.

"취업 되면 언니 프랑스 가서 근무해?"

"아니."

"그럼 미국?"

"아니. 근무는 한국에서 해."

"어떻게?"

"메타버스에서."

"메타버스에서 회사도 출근할 수 있어?"

"그래서 지원하는 거야. 그리고 메타버스 내에서 일하면 프랑스어나 영어를 아주 잘할 필요도 없어. 알아서 다 통역이 되니까 말이야."

"그럼 매일매일 미국으로 출근하는 거야?"

"응, 메타버스에서는 매일매일 미국으로 출근을 하는 셈이지. 미국 지사니까. 하지만 난 방 안에서 안 나갈 거야. 집처럼 편안한 곳이 어디 있다고."

한나는 좀 실망했어. 언니가 미국으로 떠나면 그 방을 자기가 차지할 거라고 생각하고 있었거든.

재미있는 것은 회사에 취직이 되어서 정식 사회인이 되었는데도, 언니는 집에서 나갈 필요가 거의 없다는 거야.

이렇게 보면 정식 사회인이라는 말이 안 어울릴 듯 싶지? 아니야. 메타버스도 정식 사회거든. 메타버스에서 학교도 갈 수 있고, 상거래도 일어날 수 있고, 친구도 만날 수 있고, 노는 것도 할 수 있어. 그리고 무엇보다 직업을 가지고 일을 할 수도 있어.

이게 사회 아니면 뭐겠어? 그러니 언니가 메타버스에서 취업에 성공하면 정식 사회인이 되는 게 맞지.

메타버스에서 회사에 출근해서 일을 할 수 있다는 건 굉장히 중요한데, 바로 이렇기 때문에 메타버스가 또 다른 현실로 인정받을 수 있는 거야.

메타버스에서는 닌자가 되어서 무술 시합도 할 수 있고, 달에도 갈 수 있고, 패션위크의 모델도 될 수 있지만, 그게 다라면 게임과 비슷하잖아. 그런데 메타버스에서 정식으로 일을 할 수 있고, 그것이 직업이 되고, 돈을 벌 수 있게 되니 메타버스는 우리에게 또 다른 사회가 되는 거야.

집에서 회사 업무를 하는 것을 재택 근무라고 한다고 했잖아. 앞으로의 회사들은 메타버스 안에 사무실을 열고, 많은 직원들이 재택 근무로 일하게 돼. 그렇게 되면 출퇴근에 드는 시간이 줄어드니 효과적이겠지.

우리나라의 경우 회사들이 서울에 몰려 있다 보니 서울 집값이 그렇게 비쌌는데, 메타버스에서 재택 근무를 하게 되면 어디에서 살아도 되니 지방에서 근무하는 사람도 많아지겠지. 그러면 집값도 어느 정도 안정될 거야.

그리고 무엇보다 부산에 사는 사람도 뉴욕에 근무할 수 있고, 아르헨티나 사람이 서울이 본사인 회사에 다닐 수도 있게 돼. 그러니 능력만 있으면 세계 어느 나라, 어떤 곳에서라도 근무할 수 있게 되는 거야.

특히 지금 로블록스 같은 메타버스에서 게임을 만들어서 전 세계인을 상대로 돈을 버는 친구들 중에는 초등학생도 많아. 메타버스에서는 나이가 중요하지 않거든. 얼마든지 자신이 잘하는 일로 돈을 벌 수 있어. 그러니 어른이 될 때까지 기다리는 게 아니라 초등학생이나 중학생 때 이미 자신이 되고 싶은 사람이 되어 있을 수도 있어. 그럼 어른들의 "넌 커서 뭐가 될래?" 같은 잔소리는 더 이상 통하지 않겠지? 왜냐하면 "난 이미 되어 있는데?"라고 답할 수 있으니 말이야.

우리를 치료해 줘

　오늘은 학교 가는 날이야. 일주일에 사흘은 메타버스에 있는 학교로 등교하고, 이틀만 실제 학교로 가서 친구들과 선생님을 만나.

　한나와 진수는 사이가 별로 좋지 않아. 진수가 자꾸 심술궂게 굴기 때문이야. 한나의 친구들은 진수가 한나를 좋아하는 게 틀림없다고 말하지만, 그럼 뭐해. 한나가 싫어하는데.

　그런데 오늘은 진수가 친절해. 웬일일까? 궁금함을 참지 못한 한나가 진수에게 물었어.

"진수 너 오늘은 왜 그렇게 기분이 좋아 보여?"

"오늘 얼룩이를 만나는 날이거든."

　이름이 사람처럼 보이지는 않지? 만약 반려견을 이야기하는 거라면, '오늘 만나는 날'이라는 말이 이상해. 결국 또 궁금함을 참지 못한 한나가 물었어.

"얼룩이가 누군데?"

"2년 전에 무지개 다리를 건넌, 우리 집 반려 토끼."

"그런데 어떻게 만나?"

"메타버스에서 얼룩이를 그대로 재현했어. 얼룩이가 살아있을 때 얼룩이를 스캔하고 성격 특성 같은 것들을 입력한 거라서 만나면 진짜 얼룩이처럼 굴어."

"그럼 매일 만날 수 있는 거잖아?"

"이미 무지개 다리를 건넌 아이를 매일 메타버스에서 보면 현

실 적응이 힘들다고 그냥 두 달에 한 번 정도씩만 보기로 엄마와 약속했거든."

'오~ 의외로 진수가 다정한 면이 있네.' 한나는 생각했어.

그런데 그건 그거고, 여전히 싫은 건 싫은 거야.

멀리 있는 사람을 그 사람과 닮은 아바타로 불러내어 대화하듯이, 메타버스로 죽은 사람도 살려 낼 수 있어. 가까운 주변 사람을 잃게 되면 시간이 지날수록 그 사람에 대한 기억 자체가 희미해지겠지. 그걸 메타버스에 넣어서 재현할 수 있는 거야.

실제로 세상을 뜬 어린 딸을 너무 그리워하는 부모님을 위해, 딸의 모습을 메타버스로 재현해 부모님의 그리움을 풀어 주는 과정을 그린 〈너를 만났다〉라는 다큐멘터리가 텔레비전에서 방영되기도 했지.

물론 이런 작업에는 긍정적인 요소도 있지만 부정적인 요소도 있어. 현실감이 없어지고, 그 사람이 없는 현실을 인정 못 하게 될 수도 있거든. 하지만 그럼에도 이미 떠나간 사람 때문에 생긴 상실감을 극복하지 못해 현실을 살아가는 데 어려움을 호소하는 사람들에게는 매우 좋은 심리 치료제 역할을 해.

메타버스는 원격 진료에도 큰 도움이 돼. 원격 진료는 직접 병원에 가지 않고 멀리서 진료하고 처방하는 것을 말해.

도시에 살면 병원이 가까이에 있으니 가기가 쉬워. 하지만 지방에 살면 병원 한번 가려면 큰 결심을 해야 할 때가 있거든. 그리고 나이 드신 분들은 바로 옆 동네에 병원이 있어도 움직이기 힘든 경우도 있지.

그럴 때 메타버스 병원에서 나의 상태를 그대로 보여 주는 아바타로 진료를 받고, 의사 선생님이 원격으로 진료를 해 줄 수 있어. 병원이 충분히 보급되지 않은 나라에서도 이런 원격 진료는 큰 도움이 될 거야.

3 메타버스 세상이 오려면

메타버스는 언제 시작될까?

아참! 앞에서 잠깐 나왔던 메타버스 플랫폼 제페토에 대해 이미 알고 있었던 사람 혹시 있니? 이미 들어가서 플레이해 본 사람도 있을 것 같은데? 제페토가 아니라면 로블록스는 어때? 우리 친구들 사이에서 매우 인기가 많다고 들었는데 말이야.

제페토나 로블록스 해 보니까 어땠어? 굉장히 재미있었다고? 그런데 의외로 "생각보다 재미없다."고 말하는 사람도 많아. 왜냐하면 영화 같은 데서 나오는 메타버스를 생각하며 들어갔는데, 막상 펼쳐진 모습은 그냥 게임 같거든. 게다가 그래픽의 수준도 그다지 높지 않고 말이야. 그래서 "메타버스는 환상에 불과하다."라고 말하는 사람도 있어.

하지만 잠깐. '우물에 가 숭늉 찾는다.'는 속담이 있어. 숭늉은 밥을 한 솥에 물을 넣고 끓여서 만드는 과정을 거쳐야 얻을 수 있는 건데, 그 첫 번째 시작인 물을 뜨는 과정에 불과한 우물에서 완성된 숭늉을 내놓으라고 재촉을 한다는 거야.

메타버스도 마찬가지야. 이제 하나하나 만들어지는 과정일 뿐이거든. 우리가 지금까지 말한 메타버스는 아직 제대로 시작되지도 않았어. 여행도 가고, 수업도 대체하고, 심지어 직업도 얻을 수 있는 그런 메타버스 말야. 지금의 메타버스 플랫폼들은 이제 시작하는 단계이기 때문에 우리 기대와는 차이가 좀 있지.

그럼 도대체 메타버스는 언제부터 제대로 시작되는 것일까? 이번에는 그것에 대한 이야기를 해 보기로 하자.

스마트폰 다음은 메타버스

　메타버스에 대해서 온갖 상상을 다 하지만, 막상 지금의 메타버스와 비교하면 차이가 있어. 그래서 메타버스가 너무 이상화되어 있다고 생각하는 사람도 있지. 우리가 상상하는 것 같은 메타버스가 실제로 구현되기는 힘들다는 거야. 정말 메타버스는 조금은 과장된 이야기일까?

　그렇게 말하기에는 너무나 많은 기업들이 메타버스를 연구하고 있어. 외국에서는 페이스북(지금은 '메타'로 회사 이름이 바뀌었어.), 구글, 마이크로소프트, 애플 같은 글로벌 기업들이 메타버스에 엄청난 돈을 쏟아부으며 연구를 하고 있고, 우리나라에서는 삼성, SK, KT 같은 기업들이 메타버스 개발을 하고 있지.

　이런 큰 기업들이 메타버스에 매달리는 이유는 메타버스가 '차세대 연결의 도구'라고 생각하기 때문이야. 사람들 사이를 연결해 주는 중요한 수단이라는 거지.

　그럼 메타버스가 차세대면, 지금 세대 연결의 수단은 뭘까? 현재 우리를 연결해 주고 있는 도구 말이야. 그렇지! 바로 스마트폰이야.

우리가 손에 들고 있는 스마트폰으로 가족과 통화도 하고, 친구와 메시지도 주고받고, 물건도 사고, 게임도 하고, 커뮤니티에 게시글도 남기고, 좋아하는 드라마도 봐. 아침에 스마트폰 알람으로 잠에서 깨고, 밤에는 스마트폰을 보다가 잠들지. 우리 생활에 스마트폰이 스며든 영역은 '일어나서 잠들 때까지'라고 할 수 있어.

'메타버스가 차세대 연결의 도구'라는 것은 바로 그런 역할을 하는 것이 메타버스로 바뀐다는 말이야.

그런데 그렇게 되기 위해서는 먼저 이루어져야 할 조건들이 몇 가지 있어.

우선 메타버스를 스마트폰처럼 가볍게 그리고 편하게 접속할 수 있어야 돼. 그래야 메타버스에 자주 들어갈 수 있으니까. 그러려면 기술 발전이 이루어져야겠지. 영화 같은 것을 보면 메타버스 세상에 들어가기 위해 커다랗고 무거운 고글을 쓰곤 해. 정식 용어는 HMD(Head mounted Display)라고 하는데, 머리에 착용하는 디스플레이라는 뜻이야. 눈앞에 현실같이 컴퓨터 그래픽을

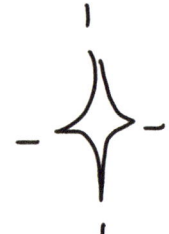재생시켜서, 마치 다른 세계에 온 것처럼 시각적인 효과를 주는 거지.

그런데 이 장치를 착용하면 일단 너무 무겁고 답답해. 조금만 움직여도 땀이 나서 여름철에는 잠깐만 쓰고 있어도 그대로 땀 범벅이 되기도 하지.

무엇보다 이 장치를 쓰고 화면을 보면 속이 울렁거린다는 사람이 많아. 실제와 시각적 자극이 달라서 일어나는 멀미 현상인데, 이 멀미 때문에 메타버스에 오래 접속하지 못하기도 해.

이런 현상을 해결하기 위해서는 HMD의 해상도도 뛰어나야 하지만, 무엇보다 휴대성이 높아져야 해, 간편하게 썼다 벗었다 할 수 있어야 한다는 거야. 그리고 썼을 때는 가벼워서 무게감도 잘 안 느껴져야 하고.

결과적으로 고글의 크기가 보통 안경이나 선글라스 정도의 크기와 무게로 줄어들어야 해. 평소에는 그냥 보호경이나 선글라스처럼 쓰다가 버튼 하나 누르면 순식간에 메타버스가 펼쳐지는 휴대용 디스플레이가 되는 게 제일 바람직한 모습이지.

그리고 통신 기술도 조금 더 발달해야 돼. 현실인지 아닌지 분간할 수 없는 그래픽은 이미 만들 수 있어. 영화 같은 데서는 그런 특수 효과가 쓰이잖아. 그런데 그런 그래픽을 무선으로 전송할 수 있어야 그걸 우리 눈앞에 구현할 수 있겠지? 그러려면 대용량의 데이터를 끊김 없이 빠르게 전송할 수 있는 통신 기술이 필요해. 물론 지금의 5G 기술이 제대로 구현되면 그게 가능해. 하지만 아직 기반 시설도 구축해야 하고, 할 일이 많아. 통신 전문가들은 2025년 정도가 되어야 5G 기술이 정착될 거라고 말하고 있어. 기반 시설 구축도 확실히 되고 말이야.

말이 통해야 메타버스지

그래픽 기술이나 통신 기술뿐만 아니라, 슈트를 입으면 메타버스에서 느끼는 감각이 그대로 내 몸에 전해지게 하는 기술도 있어. 그리고 메타버스에서 뛰어다니는 것을 현실에서 구현하기 위해 마치 러닝머신처럼 움직임을 재현하는 기계도 있지. 지금은 대부분 투박하고 거친 모습이지만, 앞으로 시간이 가면 더 세련되고 휴대성이 좋아질 거야.

하지만 이런 기술은 부가적인 거야. 갖춰지면 좋지만, 없어도 그렇게 큰 상관은 없는 기술이라는 거지. 진짜 중요한 기술은 따로 있어.

'게임 체인저'라는 말이 있어. 어떤 일에서 결과나 흐름을 뒤바꿔 놓을 만큼 중요한 역할을 한 인물이나 사건, 제품 같은 것들을 이르는 말이야. 메타버스에도 게임 체인저라고 할 수 있는 기술이 있어. 이 기술이 제대로 발전해야 메타버스 세계가 그럴듯하게 구축될 거라고 입을 모아 이야기하는 기술이야.

그게 뭘까? 힌트는 메타버스의 기본 전제는 글로벌, 즉 전 세계라는 거야.

뭔지 알겠니? 바로 통역과 번역 기술이야. 한국인 한나와 프랑스인 클로에가 절친이 될 수 있었던 것은 통역 기술이 작용해서 둘 사이의 의사소통이 자연스럽게 이루어졌기 때문이야. 서로 말이 안 통했어 봐. 같이 접속해 있더라도 대화를 나누는 것이 아니라 서로 숨소리만 듣고 있게 되잖아. 어휴, 얼마나 어색

할까.

언어의 장벽은 전 세계 사람들을 하나로 묶을 때 굉장히 큰 걸림돌이야. 결국에 사람들은 자기와 이야기가 통하는 사람들과 뭉치니까 말이야. 그런데 통번역 기술이 발달해서 AI(인공 지능 컴퓨터)가 실시간으로 우리의 의사소통이 가능하게 해 주면,  메타버스에서 친구를 사귈 수도 있고 업무를 할 수도 있고 쇼핑을 할 수도 있어. 메타버스라는 연결의 장에서, 그 연결의 핵심이 통번역이 되는 거야. 메타버스는 그런 소통이 자연스럽게 일어나는  장소인 거고. 그러니까 메타버스 세상을 하나로 묶어 주는 가장 결정적인 기술은 통번역 기술이야.

과학자들은 AI가 분야별로 인간의 능력을 넘어설 수 있는 시기를 다르게 보고 있어. 예를 들어 바둑을 두는 것은 이미 인간을 능가했고, 외과 수술은 2050년 무렵은 되어야 인간을 능가할 수 있을 것이라고 보고 있어. 그렇다면 통번역 기술은 언제쯤 인간을 능가할까? 과학자들이 예측하기로는 2024년에서 2025년쯤이야. AI가 통번역을 인간보다 잘하게 되는 시기 말이야.

이렇게 인간을 능가한 통번역 AI 기술을 메타버스에 접목시켜서 전 세계 사람이 접속하게 하면 그야말로 세상을 하나로 묶는 초월 공간이 탄생하는 거야. 이 공간에서는 언어에 상관없이 세상 누구와도 소통할 수 있지.

어때? 이때쯤 되면 바로 옆에 외국인이 있어도 실제 대화하는 것보다 메타버스에서 소통하는 게 훨씬 더 말이 잘 통할 수도 있겠지?

메타버스, 이제 곧!

앞에서 통번역 기술이 인간을 능가하는 시기가 2024년에서 2025년 정도로 예측된다고 했잖아. 이 통번역 기술 외에도, 메타버스를 구현하기 위해 필요한 기술들의 발전 추세나 기업들의 연구 개발 속도, 메타버스 플랫폼에 대한 계획 등을 살펴봐도, 이 무렵 이후에 본격적인 메타버스 세상이 열릴 것이라는 기대가 많아.

페이스북을 만든 창업자 마크 저커버그가 2021년 여름에 "페이스북은 앞으로 5년 내 메타버스 기업이 될 것이다."라고 말했거든. 그 뒤 기업 이름도 '메타'로 바꾸고 메타버스 기업으로의 행보를 보이고 있어. 이 사람이 '앞으로 5년 후'라고 말한 것은 결코 우연이 아니야. 이러저러한 상황들을 감안해서 말한 거지.

조금 넉넉하게 잡아서 메타버스 대중화의 시기는 2024년에서 2026년 정도라고 보면 될 거야. 얼마 남지 않았지? 메타버스 세상이 본격적으로 열릴 때 여전히 초등학생일 수도 있고, 중학생이나 고등학생일 수도 있어. 이보다 더 시간이 흘러서 대학생이 되고, 회사를 다녀야 할 때가 되면 메타버스는 이미 대중화를 넘어 일상이 되어 있을 거야. 메타버스에서 대학을 다니고, 메타버스에서 취업을 하는 시대라는 거지.

메타버스가 이상 기후의 해결책?

빠른 시간 안에 인류가 메타버스로 삶의 터전을 옮겨야 하는 이유로는 '글로벌'이나 '편리함' 같은 걸 꼽을 수 있어. 하지만 이런 '필요'에 의한 이유 말고, '당위'에 의한 이유가 있어. 당위는 마땅히 그렇게 해야 한다는 뜻인데, 의무 같은 것을 말해. 그러니까 메타버스로 '가면 좋다.'가 아니라, 메타버스로 '가야 한다.'

는 거지.

메타버스로 가야 하는 이유는 이상 기후 때문이야.

지구의 평균 기온은 산업화 시대 이전보다 1.09도 올랐어. 150여 년 동안 1.09도가 올랐다는 거지.

이 1.09도 때문에 많은 이상 기후가 발생했어. 여름철에는 지나치게 덥고, 겨울에는 너무 추운 현상 같은 게 나타나기도 하고, 난데없는 폭우 때문에 도로가 물에 잠기기도 하고, 가뭄 때문에 산불이 쉽게 나기도 하지. 겨우 1.09도 올랐는데 이런 일들이 발생하는 거야.

그런데 더욱 충격적인 것은 지금의 추세라면 1도 더 오른, 즉 2도가 오른 세상은 2030년쯤에 올 거라는 거야. 지난 150여 년에 걸쳐서 1도 정도가 올라간 건데, 15년 만에 다시 1도가 올라가게 되는 거야. 이렇게 온도 상승의 추세가 너무 빠르다 보니 '기후 위기'를 넘어서 '기후 붕괴'라는 말까지 써.

이건 모두 탄소 배출량이 늘어나서야. 산업화로 인해 석유나 석탄 같은 화석 연료를 많이 쓰게 되었거든. 탄소(이산화 탄소)는 화석 연료를 태울 때 발생해. 탄소가 온실 효과를 일으켜 지구의 온도를 높인다는 얘기, 다들 알고 있을 거야.

지금의 온도 상승 추세라면 우리는 곧 기후 붕괴를 맞이하게 돼. 육지의 동식물이 죽고, 해양도 마찬가지야. 인구는 더욱 더 늘어나서, 현재 80억 명 정도인 세계 인구가 2064년에는 97억 명까지 간다는 연구 결과도 있어. 유엔은 2100년에 108억 명이 될 거라고 해. 연구 결과마다 조금씩 다르지만 적어도 앞으로 몇십 년간은 인구가 기하급수적으로 늘어난다는 얘기야. 사람 한 명이 1년 동안 배출하는 탄소량이 무려 58톤이라는데, 그렇다면 앞으로 탄소 배출량은 지금의 추세보다 더욱 빠르게 늘어나게 되겠지?

그런데 코로나19로 세상이 멈춘 사이에 놀라운 일이 생겼어. 지속적인 상승세를 보이던 탄소 배출량이 5.8퍼센트나 줄어든 거야.

국제 에너지 기구 IEA는 2021년에 "2020년 전 세계 에너지 관련 탄소 배출량이 2019년보다 5.8퍼센트 줄어들었다."고 발표했어. 이는 제2차 세계 대전 이후 최대 감소폭이라고 해.

코로나19 때문에 각 나라가 이동 제한 조치를 취하는 등 육상이나 항공 교통 이용이 줄어들고 사람들의 경제 활동이나 일상생활이 디지털에서 많이 이루어지다 보니 탄소 배출량이 줄어든 거지. 물론 화석 연료 대신 친환경 재생 에너지 사용 확대로 인한 효과도 있고.

　이상 기후와 인구 폭등 때문에 비관적인 전망만 존재하던 지구에도 희망이 찾아든 거야.

　우리의 삶을 디지털화해서 메타버스에서 또 하나의 세계를 건설하는 것은 인류가 탄소 배출량을 줄이기 위한 중요한 방법이

야. 화성으로 인류를 이주시켜서 인구 폭증에 대비하는 방법도 있긴 한데, 화성에 가는 것보다야 가상 공간인 메타버스로 가는 게 더 쉽지 않겠어?

그래서 메타버스는 조만간 실현되어야 하는 인류의 환경 개선 해결책이기도 해. 그러니 메타버스는 '하면 좋다.'가 아니라, '해야 한다.'가 되는 거지.

4
메타버스의 그림자

메타버스가 가져올 문제점

　메타버스 세상이 오면 정말 재미있을 것 같지? 메타버스에서 학교도 갈 수 있고, 친구들과 놀 수도 있고, 현실에서는 하지 못할 일을 해 볼 수도 있지. 어벤져스의 슈퍼히어로들과 지구를 지키는 경험도 메타버스에서는 가능해. 해리 포터와 함께 호그와트 마법 학교에서 기숙사 배정을 받아 보는 것도 재미있을 거야. 후플푸프로 배정받아서 그리핀도르 팀과 퀴디치 시합을 벌일 수도 있겠지.

그런데 이렇게 재미있고 유용하게만 보이는 메타버스 세상에 문제점은 없을까?

당연히 있어. 새롭게 열리는 세상에는 늘 문제점이 붙고 걱정할 만한 일들이 생기기 마련이거든. 그래서 그런 일들을 미리 예측해 보고, 문제가 될 만한 일들을 방지하기 위해서 여러 가지 대안을 미리 준비하는 것이 정말 필요해. 그래야 보다 탄탄한 메타버스 세상을 만들어 갈 수 있을 거야.

우리 같이 메타버스 세상의 문제점을 생각해 볼까?

메타버스로 현실 도피?

일단 가장 많이 걱정이 되는 것은 '메타버스 폐인'이 많아질지도 모른다는 거야. 메타버스 세상을 그리는 영화들을 보면, 메타버스에 빠지는 사람들은 대부분 현실에 불만족한 사람들이야. 현실은 살기 힘들고 어려운데 메타버스로 가면 자신이 선택한 삶을 살 수 있잖아. 그러니까 마약처럼 빠져드는 거야.

　실제 메타버스가 본격적으로 전개되면, 많은 사람들이 현실의 불만족을 채우기 위해서 메타버스를 활용할 것으로 예상되고 있어. 자칫하면 메타버스가 현실의 도피처가 되는 거지.

　메타버스의 세계가 현실의 세계보다 좋으니까, 심정적으로는 메타버스의 세계를 자신이 주로 살아가는 세계로 인식하게 되는 거야. 결국 현실 세계와 메타버스 세상을 구분하지 못하고, 메타버스의 삶과 현실 세계의 삶이 헷갈리는 거지. 게임에 중독되면 그렇듯이 말이야.

　그런데 메타버스는 게임과 다르게 큰 문제가 아닐 수 있다고 말하는 사람도 있어. 왜냐하면 게임에 빠지면 현실에서 해야 하는 공부나 일 같은 의무를 잊어버리기 때문에 문제가 되는 것인데, 메타버스는 오히려 그런 공부를 하고 일을 하는 공간이기도 하거든. 그러니까 게임에 빠지는 것과는 다르다는 거지. 이런 경우는 메타버스를 현실의 도피처가 아닌, 또 다른 현실로 받아들이고 열심히 그 안에서 살아가는 사람이 되는 거야.

이런 사람은 현실 대신 메타버스를 생활의 터전으로 쓰고 있는 것인데, 그래도 메타버스와 현실을 구분하지 못하는 분열 상태는 실제 인간의 삶에 좋지 못할 수밖에 없어. 메타버스는 현실

어딘가에 살고 있는 누군가를 위해서 세워지는 거거든. 메타버스는 현실과 따로 성립할 때 삶을 도와주는 역할을 하는 것인데, 현실을 희생시키고 메타버스에서의 삶만을 누린다면 그건 반쪽짜리 삶이 되는 거야.

앞서 메타버스에서 이미 돌아가신 분을 되살려서 실제로 만나는 느낌을 낼 수 있다고 이야기했잖아. 영화에서 이런 설정을 보여 주는 경우들이 종종 있거든. 그런데 그 영화들에서는 대부분 이 디지털로 되살려 낸 과거와의 인연을 끊지 못해. 그 사람이 없는 현실을 부정하고, 자꾸 메타버스 안에서 그 사람을 만나

려고만 하지. 메타버스를 현실로 믿고 싶은 건데, 결국에는 그런 마음이 커져서 그게 메타버스에서 일어나는 일이라고 인식하지 못하고 현실과 헷갈리기도 해. 그러니까 메타버스에 과거를 박제해 놓으면 진짜 현실에서는 그 과거에 잡혀서 앞으로 나아가지 못하게 되는 거야.

메타버스에서 건강하게 사회 활동을 하고 경제 활동을 하는 사람들은 대부분 현실에서도 그 비슷하게 활동을 해. 메타버스를 불안하고 힘든 현실을 대체하기 위한 하나의 도피처로 여겨서는 안 돼. 메타버스는 현실과 양립할 때 의미가 있는 것이지, 현실을 대체하기 시작하면 자기 자신을 잡아먹는 괴물이 될 수 있다는 점을 꼭 명심해야 해.

'부캐'인 아바타가 범죄를 일으켜

메타버스는 비교적 쉽게 나쁜 짓을 저지를 수 있는 환경이야. 왜냐하면 아바타는 자기 자신이기도 하지만 자기 자신이 아니기도 하거든. 일단 현실의 나는 아니잖아.

아바타를 설정할 때 현실의 자신과 굉장히 닮게 설정하는 사람도 있지만, 현실과는 완전히 다르게 설정하는 사람도 많아. 성별, 나이, 인종, 국가 등에 구애받지 않는 거야. 심지어 사람이 아닌 경우도 있지.

'현실의 나'가 아닌 아바타니까 현실에서 하기 힘든 일을 할 수도 있는데, 그건 곧 현실에서 하기 힘든 나쁜 짓이나 범죄도 일으키기 쉽다는 뜻이기도 해.

예를 들어 욕설 또는 막말을 한다거나 혐오의 말들을 하고 다니는 거지. 처음 만난 아바타가 갑자기 욕을 해 댄다든가, 다른 사람의 아바타에 대해서 인종 차별적인 말을 한다든가 하는 식으로 말이야. 메타버스에서 혐오와 차별 같은 것이 일어나기 쉬운 이유는, 실제 자신의 모습이 드러나지 않기 때문이야. 나 대신 아바타가 전면에 나서 있으니 직접적인 책임감이나 죄책감이 덜하게 되는 거지.

그리고 이런 혐오 범죄에 대해 예방이나 제재의 방법이 많지 않다는 것도 문제야.

앞에 있는 아바타가 갑자기 이런 혐오와 차별의 말을 쏟아 내면 그저 당할 뿐, 그것을 예방할 현실적인 방법은 없어. 그런 사건이 벌어진 다음에 사후 신고를 통해 징계를 하거나, 강제 퇴장을 시키는 방법밖에 없지. 신고가 없으면 이런 일들을 일일이 잡아내기도 힘들어.

신고를 한다고 해도 그것을 제재할 방법이 마땅치 않아. 물론 혐오 범죄를 저지른 아바타에 대해서 입장 제한이나 거리 두기 같은 설정을 하기는 쉬워. 현실과 달리 디지털에서는 아바타를 통제할 수 있으니까. 하지만 범죄를 저지른 사람이 자신의 아바타를 버리고 계정을 새로 만들어서 다시 메타버스에 들어오면 그것을 제재할 방법은 없어. 결국 개개인의 자정 노력과 부지런히 신고를 해서 메타버스를 정화시키려는 노력들이 합쳐져야 하는 거지.

물론 이런 문제점은 비단 메타버스뿐만 아니라 유튜브나 SNS 등 타인과의 접촉이 일어날 수 있는 모든 플랫폼에서 공통적으로 감지되는 문제이긴 해. 그러나 메타버스이기 때문에 생기는 문제도 있어.

메타버스에는 아바타가 있고, 그 아바타가 '행동'을 하잖아. 그렇기 때문에 폭력이나 성추행 같은 범죄 행동들이 일어날 수 있어. 물론 다른 아바타가 내 아바타를 때려도 현실의 나에게 물리적인 충격은 없어. 하지만 기분만큼은 진짜 맞은 것 같을 수 있거든. 그러니 실제로 폭력을 당한 것이나 비슷한 느낌인 거지.

성추행도 마찬가지고. 그래서 우리나라에서는 얼마 전에 메타버스 내에서 아바타를 대상으로 한 성폭력 범죄를 처벌하는 법률안이 발의되기도 했어.

그리고 또 하나, 어른들 사이에서 문제가 되는 것이 있어. 법적으로는 문제가 아니어서 애매하기는 한데, 이것 역시 메타버스니까 부각이 되는 문제야.

메타버스에서는 아바타가 연애를 하기도 해. 그런데 이 아바타의 주인들이 현실에서 가정을 이루고 살고 있는 사람들인 경우가 있어. 즉, 현실에서 결혼을 했으면서 메타버스에서 다른 사람과 연애를 하는 거지.

예전에 미국에서 지금의 메타버스와 매우 유사한 '세컨드 라이프'라는 플랫폼이 유행한 적이 있었는데, 여기서 이미 문제가 되었던 상황이야. 실제로 만나 본 적이 한 번도 없는 사람 사이에서 아바타끼리 교감을 하는 것이니 문제가 없다는 측과 이런 상황은 바람을 피우는 것이나 다름이 없다는 주장이 서로 부딪친 거지.

결론이 난 것은 아니지만, 배우자가 메타버스 내에서 다른 사람과 연애하는 모습을 본다는 것은 아무래도 정상적인 결혼 생활이라고 할 수는 없겠지.

메타버스가 우리 삶의 큰 부분이 될수록 메타버스에서의 생활과 현실에서의 생활을 일치시키는 것이 쉽지 않을 거야. 메타버스이기 때문에 생기는, 현실과는 다른 다양한 상황들이 발생할 테니까 말이야. 거기서 범죄와 범죄가 아닌 것 사이의 줄타기가 아슬아슬하게 펼쳐질 수 있어. 메타버스 세상이 본격적으로 펼쳐지기 전에 그런 부분들이 법적으로 정리가 되어야 할 거야.

목숨이 여러 개 있다면?

보통 메타버스의 아바타를 설정할 때 자기 자신을 그대로 투영하기도 하지만, 그렇지 않은 경우도 많다고 했잖아. 일회용까지는 아니더라도 아바타를 어느 정도 쓰고 갈아타기도 하기 때문이야. 그렇게 되면 현실에서 목숨이 여러 개가 되는 것과 상황이 비슷해. 그랬을 때 사람들은 어떻게 행동할까?

메타버스를 답답한 현실의 대체품으로 생각해서 찾아온 사람들은 메타버스에서만큼은 여러 제재에 구애받지 않고 거리낌 없이 행동하고 싶어 할 수도 있어. 그렇게 되면 아바타들은 조금 더 무례해지고, 조금 더 매너 없는 행동들을 하게 되겠지.

자기가 평소에는 하지 못할 일들도 하는 다른 성격의 인물(아바타)로 살아 보기도 할 거야. 그냥 다른 성격이기만 하면 괜찮은데, 현실의 사회적 규범에서 벗어나고 싶어 하는 성격의 아바타라면 여러 가지 극단적인 짓을 저지를 수도 있겠지.

그 극단적인 짓이 범죄이거나 다른 사람에게 피해를 주지 않는 거라면 괜찮지 않냐고? 꼭 그렇지도 않아.

메타버스에서 살다 보면 현실과 메타버스의 경계가 종종 무너지기도 하거든. 특히 자신의 성격이나 개성이 그럴 수 있어. 메타버스에서 극단적인 행동도 서슴지 않았던 버릇 때문에 현실에서도 그런 감각이 이어질 수 있는 거야.

예를 들어 메타버스에서는 슈퍼히어로가 될 수도 있잖아. 그 감각을 생각해서, 2층에서 뛰어내리는 것이 가능할 것 같은 기분이 들 수도 있지. 메타버스에서처럼, 현실에서도 이 정도 높이에서 뛰어내리는 것은 문제없을 것 같거든. 하지만 막상 뛰어내리면 메타버스에서는 가뿐히 착지하는 것과는 달리, 현실에서는 크게 다쳐 병원에 누워 있게 될 수도 있어. 현실감이 없어진다는 것은 실제 생활에 엄청 위험한 상황이 닥칠 수도 있다는 뜻이야.

비대면의 함정

다른 사람과 소통할 때 중요한 요소 중 하나가 몸짓, 즉 보디랭귀지야. 흔히, 눈을 보고 이야기하면 그 사람의 진심이 보인다는 이야기도 하잖아. 이 역시 일종의 보디랭귀지야.

그런데 메타버스에서는 그럴 수가 없어. 아바타가 나 대신 이야기하고, 상대방 역시 아바타로밖에 볼 수 없으니 말이야. 아바타는 몸짓이나 표정이 없거든.

그래서 메타버스에서는 사기 같은 범죄가 일어나기 쉬워. 다른 사람을 속일 때, 여러 가지를 신경 쓰는 것이 아니라 말이나 채팅만 신경 쓰면 되거든.

예를 들어 사람이 긴장을 하면 자기도 모르게 말을 더듬을 수도 있고 표정이 굳어지거나 식은땀이 흐르기도 하잖아? 그럼 상대방은 뭔가 이상하다는 생각을 하게 되고 말이야. 그런데 아바타는 그러지 않고 멀쩡하거든.

사기를 당했을 때도 문제야. 만약 메타버스에서 사기를 당해 송금을 하는 경우 보통은 암호 화폐 같은 것으로 거래가 이루어지기 때문에, 그걸 추적할 수도 없어. 그러니 실제 메타버스에서 본격적인 경제 활동이 일어나게 되면, 국제적인 사기꾼들이 다 메타버스로 몰려와 활개 칠 가능성이 높아.

결국 이에 대해 경각심을 가지고 우리 스스로 주의하는 수밖에 없어. 의사 소통 능력을 키워 다른 사람의 거짓말이나 합리적이지 않은 이야기에는 귀 기울이지 않아야 하고 말이야.

5 메타버스 세상을 위한 준비

메타버스, 어떻게 준비할까?

지금까지 한 이야기는 모두 중요하지만, 어떻게 보면 우리에게 현실적으로 중요한 이야기들은 지금부터야. 메타버스 시대에 잘 살아가기 위해서 지금 우리가 공부하고 준비해야 할 것은 무엇인가에 대한 이야기를 할 거거든.

학교 공부를 잘하면 메타버스 세상에 유리할까? 학교 공부도 물론 중요해. 하지만 그런 교과 과정은 메타버스 세상이 만들어지기 전에 생긴 것들이라 직접적으로 연결되지 않을 수 있어. 학

교 공부를 잘하지 못하더라도 메타버스 세상에서 성공하는 길은 얼마든지 열려 있다는 뜻이야.

 그렇다면 아직 메타버스 세상이 본격적으로 열리기 전인 지금, 우리가 어떤 것을 준비해야 유리하냐고?

 메타버스 세상에서 잘 살아갈 만한 사람들의 특징을 정리해 보

면 호기심, 순발력, 의사소통 능력, 실천력, 통찰력, 문제 해결력 이렇게 여섯 가지 정도가 있어. 메타버스에서 이런 요소들이 왜 필요할까? 그리고 그런 특징들을 가지기 위해서 지금 우리가 노력하고 준비할 것은 무엇일까?

호기심을 따라가자

수업 끝나기 직전에 질문하는 아이들 있지? 그러면 쉬는 시간을 잡아먹으니까 반 친구들이 째려보곤 하잖아. 그런데 바로 이렇게 호기심을 참지 못하고 반 친구들의 눈총이 뻔하게 느껴지는데도 질문을 하는 친구들이 메타버스 세상의 진정한 승리자가 될 거야.

메타버스 세상에서는 호기심을 가진 사람이 결국에는 최후까지 살아남을 뿐더러, 큰 성공을 거두게 돼.(그렇다고 질문할 거리가 없는데도 무조건 쉬는 시간 직전 손을 들고 질문하라는 얘기는 아니야. 눈치도 중요하거든.)

메타버스 세상은 모두가 같이 만들어 나가는 세상이야. 이미 만들어진 세상이 아니라, 메타버스라는 도화지 위에 메타버스에 참여하는 사람들이 구체적인 콘텐츠들을 같이 만들어 나가는 거거든.

이해하기 쉽게 유튜브에 빗대어 생각해 보면 돼. 유튜브 플랫폼은 영상을 올리고, 사람들이 볼 수 있게 환경을 제공하는 거잖

아. 실제로 중요한 영상들 그러니까 콘텐츠들은 유튜브 사용자들이 만들고 말이야. 그 영상들이 재미있고, 실용적이고, 배울 것들이 있으니까 유튜브에 들어가는 거잖아. 영상을 올릴 수 있다는 사실만으로 유튜브에 들어가는 것은 아니거든.

메타버스도 마찬가지야. 아바타가 있고 현실을 초월한 공간이 있는 것만으로 사람들이 메타버스에 들어가지는 않아. 그런 도

구를 활용해서 아바타들이 만드는 콘텐츠들을 소비하러 가는 거야. 어떤 메타버스는 그게 게임일 수도 있고, 어떤 메타버스는 자신의 방 꾸미기일 수도 있어. 그러면 게임을 만들고, 사람들이 찾아올 만한 예쁜 방을 꾸미는 것은 메타버스에 참여하는 우리가 하는 일이 되는 거지.

그렇다는 얘기는 우리 모두가 창작자로서 메타버스에 참여할 수 있다는 거야. 그랬을 때, '이렇게 해 볼까?', '저렇게 하면 왜

안 되지?', '이건 가능할까?' 하는 호기심이 바로 창작의 원동력이거든.

이미 만들어진 세상에는 정해진 규칙이 있어서, 규칙을 잘 지키기만 하면 세상은 잘 돌아가게 되어 있어. 규칙을 깨는 사람이 있으면 위험한 사람으로 인식되고 제지를 받게 돼. 그게 지금 우리가 사는 현실 세상이야.

하지만 같이 만들어 가는 메타버스 세상에서는 규칙에 한계가 없어. 오히려 규칙을 새로운 방법과 길로 만들어 내는 사람들이 각광받는 세상이지.

예를 들어 현실의 교육은 선생님 한 명이 일정한 시간에 학생 여러 명을 가르치는 구조잖아. 그런 구조가 싫어서 자기 혼자 학교에 안 가고, 선생님이 수업을 할 때 계속 딴지를 건다면 문제가 될 수 있어.

그런데 메타버스에서는 그런 규칙에 따르지 않고 1대1로 수업하는 방법을 찾아낼 수도 있어. 이렇게 하면 어떨까 생각하고 거기에 대한 결과물까지 내 보는 거지. 그리고 해 보니까 실제 교육보다 훨씬 효과가 좋다고 한다면 그 메타버스에서는 바로 그

교육 방식이 표준이 될 거야.

지금 자신의 주변에 당연하게 존재하는 규칙에 대해 계속 의심하고, 보다 더 재미있고 효과적인 방법은 없을까 호기심을 가지고 계속 연구하는 사람이 이런 혁신을 만들어 낼 수 있어.

어떻게 하면 그런 사람이 될 수 있냐고? 지금 당연하다고 생각하는 모든 것에 대해서 당연하지 않다고 생각해 보는 연습을 우선 해 봐. 조금 더 효과적인 방법은 없을까, 조금 더 재미있는 방법은 없을까 계속 생각을 해 보는 거지.

아침에 일어나서 학교에 가는 일이 매일 반복되다 보니, 학교 가기까지의 준비 과정도 늘 비슷하잖아. 그럼 등교 준비하는 시간을 조금 더 효과적으로 활용할 수는 없을까 한 번 더 생각해 봐. 그런 생각을 하려고 노력하는 자세 자체가 자신의 습관으로 몸에 밸 수 있게 말야.

모든 것을 당연하지 않게 받아들이고 한 번 더 생각해 보는 자세는 호기심을 불러일으키는 좋은 자극제가 돼. 호기심이 저절로 생겨나는 사람도 있겠지만, 그렇지 않다면 호기심을 가지는 습관을 들이자는 거야. 메타버스는 호기심을 가지고, 그 호기심의 노란 벽돌길을 따라가는 사람들에게 활짝 열릴 거야.

열린 마음으로 빠르게 적응하기

낯선 환경에 유난히 잘 적응하는 사람이 있어. 낯선 곳에 가더라도 잘 자고, 낯선 사람들과 잘 어울려서 원래 알던 사람들처럼 친하게 지내는 사람 말야. 그렇게 타고난 사람도 있지만 그렇지 않다면 낯선 환경에 적응하는 것에도 연습이 필요할 거야.

낯선 환경이 싫은 사람은 가능한 한 그런 환경을 만들지 않으려고 노력하는 경향이 있어. 뭐든지 하던 것만 하고, 가던 곳만 가는 거야. 낯선 것에 적응하는 과정이 싫은 거지.

하지만 메타버스 세상은 모든 것이 글로벌로 돌아가니 24시간 깨어 있는 곳이고, 세계의 여러 발전이나 변화의 속도가 실시간으로 반영되는 곳이니 새로운 것에 잘 적응하는 능력은 정말 필요하고 중요한 능력이 돼.

그리고 더 중요한 것은 굉장히 빠른 시간 안에 적응해야 한다는 거지. 새로운 환경에 적응하는 데 몇 달이 걸린다면, 그렇게 적응한 새로운 환경은 이미 지나간 구닥다리 환경이 되어 있을 수 있는 게 메타버스 세상이야. 그만큼 속도감이 빠르거든.

사실 이런 세상의 변화 속도는 메타버스 때문만은 아니야. 세계화가 되면서 우리나라 안에서의 변화뿐만 아니라 세계적인 변화가 실시간으로 반영되는 세계에 살다 보니 우리의 환경은 어마어마할 정도로 빠른 속도로 변하게 되었어. 우리 사회도 엄청나게 빠른 속도로 변해 왔고 말이야.

모바일 인터넷의 사용이 세계의 변화를 신속하고 광범위하게 전달하게 되면서 개별 요소들이 복합적인 변화를 일으키기 시작했어. 한국의 기름값이 어떻게 될지는 유럽의 전쟁 상황, 중동의 정세, 미국의 대응 등 여러 가지 요소가 다 결합되어야 알 수 있거든. 그런데 갑자기 독도 근처에서 유전이 발견되었다는 소식이 전해진다면 또 어떤 변화가 일어날지 모르는 거야.

   그런데 메타버스는 세계의 변화와 속도감이 그대로 느껴지는 곳이야. 그 모든 게 동시에 존재하는 곳이지. 그러니 빠른 변화

속도에 맞는 빠른 적응력이 필요해. 그러기 위해서는 자신의 고집과 독선을 줄여야 해. 'A는 무조건 A야.'라는 자세는 결코 바람직하지 않지.

자신이 아는 답 외에도 다른 답이 있을 수 있다고 생각하는 거야. '정답'이 있는 것이 아니라 여러 가지 답이 있을 수 있고, 다른 사람의 답을 충분히 인정할 수 있는 열린 자세를 가지려고 노력해야 해. 그것이 변화의 속도에 순발력 있게 적응하는 능력을 키우는 기본적인 마음가짐이라고 할 수 있어.

의사소통 능력을 키우는 독서

메타버스는 사람이 직접 만나는 것과 줌이나 전화로 연결해서 만나는 것의 중간 느낌이라고 보면 돼. 메타버스가 추구하는 게 그거거든. 비대면 접촉보다는 조금 더 사람과 직접 만나는 느낌이 나면 좋겠는데, 직접 만나는 건 아닌 거지.

그런데 직접 만나지 못해 아쉬운 부분이 바로 의사소통이야.

사람과 사람 사이에 직접 의사소통이 이루어질 때는 보디랭귀지가 포함돼. 상대방에게 말을 전달할 때의 자세, 몸짓, 표정 같은 거 말이야.

놀랍게도 말을 전달할 때 내용의 역할은 30퍼센트 정도밖에 안 된다는 분석이 있어. 보디랭귀지가 나머지 70퍼센트의 역할을 한다는 거지. 그러니까 내가 말을 할 때 상대방은 내 말의 내용이 아닌 내가 말할 때의 몸짓이나 표정으로 그 의미를 받아들인다는 거야. 예를 들어 인상을 찌푸리며 "참 잘했네."라고 하면 그건 진짜 잘했다는 게 아니라 비꼬는 의미로 받아들이겠지?

그런데 메타버스의 아바타는 그런 보디랭귀지까지 전하지는 못해. 아바타와 아바타가 만나면서 사람들이 직접 만나는 느낌을 추구하지만, 사실 그렇지는 못한 거야.

그래서 메타버스에서는 의사소통 능력이 굉장히 중요해.

툭 건넨 한마디 말이나, 친구의 카톡에 별 생각 없이 보낸 답톡 때문에 오해가 생겨서 싸운 적이 한두 번은 있을 거야. 그만큼 글이나 말로만 의사소통을 하는 건 오해가 생기기 쉬워. 아바타로 하는 의사소통 또한 보디랭귀지가 포함되어 있지 않기 때문에, 그 진짜 뜻이 무엇인지 한 번 더 생각하고 신중하게 답할 필요가 있지.

 그래서 글을 읽고 말을 이해하는 능력은 매우 중요해. 정확한 의사소통을 위한 기본 능력이거든. 친구와 대화를 자주 해서 의사소통 능력을 기르면 되지 않냐고? 안 돼. 지식 측면에서도 그렇고, 말하는 습관이나 방식 같은 것들이 고정되기 때문에 한계가 있어. '말하지 않아도 안다.'는 말이 친구 사이에 통하는 이유는, 그만큼 서로 간의 의사소통에 익숙하기 때문에 가능한 거거

든. 그래서 이런 방식에만 빠져 있으면 다양한 사람들과의 의사소통 능력이 떨어질 수 있어.

그러면 평소에 글과 말을 잘 이해하려면 어떻게 해야 할까?

가장 좋은 방법은 독서야. 다른 사람이 말하는 바, 글 쓴 바를 이해하기 위한 가장 직접적이고 손쉬운 연습 방법이지.

글을 이해하는 능력을 문해력이라고 하는데, 미래 인재의 성공에 가장 중요한 능력이 문해력이라고 이야기하기도 해. 그만큼 정보를 읽고, 듣고, 이해하는 능력은 매우 중요하다는 얘기야. 자기가 어떤 판단을 하고 결심을 하려면 그 판단의 근거가 되는 정보가 중요하거든. 잘못된 정보를 가지고 판단을 하면 잘못된 결론이 될 수밖에 없으니까. 그러니 억지로라도 책을 읽으면서 정보를 이해하는 연습을 해야 해.

영상으로 그런 정보들을 접하면 되지 않냐고 생각하는 사람도 있을 거야. 하지만 영상으로 정보를 전달하면 같은 시간에 글로 전달하는 것보다 5분의 1에서 10분의 1 정도밖에 전달하지 못해. 글로 읽으면 1분이면 되는데 영상으로 보게 되면 최대 10분이 걸리는 거지. 즉, 같은 시간 동안 한 사람은 글로, 한 사람은 영상

으로 정보를 파악한다고 치면, 글로 읽는 사람이 최대 열 배 많은 정보를 접하게 된다는 말이야.

지금부터라도 책을 읽는 연습을 하고 책 읽는 습관을 들이면, 나중에 다른 사람들에 비해 열 배의 효율을 가지게 될 거야.

손은 말보다 빠르다, 실천의 힘

머릿속에서 아무리 그럴 듯한 세계를 만들어도, 그걸 실제 구현하지 않으면 그건 그저 망상일 뿐이야. 중요한 것은 실천이지. 머릿속 생각을 실제로 구현하려면 비용과 시간과 노력이 들어.

그런데 메타버스는 하룻밤이면 건물도 만드는 곳이야. 100번 생각하는 것보다 한 번 해 보고 사용자들의 반응을 보는 것이 훨씬 효과적인 곳이지.

예를 들어 가수를 꿈꾸는 사람이 있다고 해 보자. 자신의 노래를 사람들에게 들려주고 싶은데, 어떻게 해야 할까?

길거리 공연 같은 것도 있지만 조금 더 안정적이고, 수입도 되는 방법을 쓰고 싶어서 라이브 카페를 열고 공연을 하면서 관객을 만나려고 계획을 했어. 이 계획을 실천에 옮기려면 일단 사람들이 많이 다니는 목 좋은 곳에 카페 계약을 해야겠지. 인테리어도 신경 써서 하고, 메뉴도 개발하고, 무엇보다 이 카페를 홍보하기 위한 계획을 세워야 할 거야. 물론 이 모든 게 다 많은 돈이 들겠지.

그렇게 개업을 했는데 막상 잘 안 되면 이른바 진퇴양난이 되는 거야. 이러지도 저러지도 못하는 거지. 라이브 카페를 접자니 이미 들어간 비용을 그냥 날리는 거고, 그냥 하자니 더 많은 적자를 기록하게 될 수도 있으니까. 그래서 현실에서는 자신의 머릿속 계획을 현실화하는 것에 매우 신중할 수밖에 없어.

그런데 이걸 메타버스에서 했다고 해 보자. 메타버스에서 자신의 카페를 만들고 거기서 노래를 들려주는 거야.

메타버스에서는 하룻밤 새에 카페를 만들 수 있어. 카페에 사람들을 끌고 오는 것도 메타버스 내의 게시판 기능을 활용해서 광고하면 돼. 그리고 노래를 들려주는 거지. 반응이 안 좋으면?

그럼 바로 접으면 돼. 돈 들여서 가게 얻고 인테리어 한 게 아니니까 비용상의 손해가 거의 없거든. 조금 더 노래에 공을 들여 연습하고 좋은 노래를 만들어서 다시 하면 돼.

일단 해 보고 아니면 그 경험을 바탕으로 다시 도전하면 되는 것이 메타버스야. 머릿속에 계획만 세우기보다 실천하고, 그것에 대한 반응을 얻는 것이 확실하잖아. 그러니 메타버스에서는 말보다 손이 빠른 것이 훨씬 유리할 수 있어. 실천이 중요하다는 거야.

생각을 실천으로 바꾸는 것은 대개의 경우 능력이 아닌 자세의 문제야. 보통 실천까지 연결이 안 되는 것은 자신감이 없거나, 게으르거나, 열정이 많지 않아서거든. 모두 자세의 문제야.

생각을 실천으로 바꾸는 것은 그래서 매우 의식적인 노력이 따라야 해. 모든 생각을 다 실천할 수는 없지만, 일단 해 볼 수 있는 것은 해 본다는 자세로, 많은 부분을 현실화하려고 노력하는 습관이 필요해.

이번 시험을 위해 공부를 하겠다고 생각했으면 내일부터가 아니라 지금 교과서를 꺼내는 거야. 학원을 다니겠다고 결심했으면 오늘부터 알아보는 거지. 친하게 지내고 싶은 친구가 있으면 지금 가서 말을 걸고, 궁금한 게 있으면 선생님에게 바로 물어보는 거야.

생각을 실천으로 바꾸는 것은 타고난 능력이 아니야. 자세의 문제지. 그러니까 그런 자세가 결국 자신의 천성처럼 되게 의식적으로 노력을 많이 하길 바라.

행동의 이유를 찾아라, 통찰력

메타버스 세상은 무수히 많고 다양한 관계가 일어나는 가상 공간이야. 거기에는 사람들 사이의 관계가 있어. 현실의 인간관계나 사회적 조직 못지않게 복잡한 것이 바로 메타버스 안에서의 관계야.

만약 이 메타버스 세상을 관통하는 법칙들을 안다면 얼마나 좋을까? 자신이 어떤 행동을 하면 사람들이 좋아하고, 어떤 식으로 움직이면 좋은 관계가 형성될지 안다면 말이야.

그런 것을 통찰력이라고 해. 통찰력을 어렵게 생각하지 마. '저 사람은 왜 저렇게 생각할까?', '왜 그렇게 사람들이 움직였을까?', '이런 관계에서는 어떤 일들이 일어날까?' 이런 물음들에 대한 답을 찾는 것이 통찰력이야. 사람들의 생각과 행동, 관계와 법칙에 관한 이야기가 대부분이지.

사람에 대한 흥미와 관심을 가지고 분석하고 연구하는 학문이라고 해서 '인문학'이라고도 해. 인문학적 입장에서 생각하는 것을 '인문학적 사고'라고 하고. 사람들 사이의 관계가 형성되고 그것에 의해 경제적 관계가 생기는 메타버스는 그래서 인문학적 사고가 필요한 공간이야. 결국 메타버스의 통찰력이라는 것은 인문학적 사고에 근거한 인간에 대한 이해라고 할 수 있지.

어떤 아바타를 사람들이 좋아할지, 처음 시작하는 화면이나 구성은 어때야 하는지 같은 것 모두 인문학적 사고로 설계하고 만들어야 좋은 메타버스가 될 수 있어. 통찰 역시 그런 인문학적 사고에서 나오게 되지.

그렇다면 인문학적 사고를 가지기 위해서는 어떤 노력을 해야 할까?

사람에 대한 호기심이 첫 번째야. 왜 그렇게 생각하고 왜 그렇게 움직이는지 심리학적으로 알아볼 수도 있고, 철학적으로 이해할 수도 있어. 과학적으로 사람의 신체를 연구하면서 호르몬의 작용으로 해석해 볼 수도 있지.

이런 모든 것들이 크게 보면 인문학적 사고야. 그래서 과학과 인문학은 대척점에 선 학문이 아니야. 사람에 대해 이해하려고 과학적 방법을 쓰면, 그것도 큰 범주에선 인문학이지. 그래서 인문학은 접근하는 태도의 문제라고 생각해. 사람의 생각과 행동에 대한 궁금함으로, 그 원인과 결과를 찾으려고 애쓰는 마음인 거야.

인문학적 사고를 위해서는 다른 사람을 이해하고 공감하는 노력도 필요해. 그래야 다른 사람의 마음도 짐작하고 분석할 수 있을 테니까. 분석적 태도도 중요해. 원인과 결과를 찾아내려고 애쓰는 것이 분석적인 태도야. '그냥 그런가 보다.'가 아니라, 왜 그런 일이 벌어졌으며, 그 결과는 어떨 것인가를 생각하는 자세가 필요한 거야.

어떤 일을 설명하거나 자신이 행동한 이유를 이야기할 때 '그냥'이라는 편리한 이유를 버려. '이러저러하니까, 이렇게 행동하고 생각한 것이다.'라고 설명할 수 있게 노력하고 연습해야 해. 자신뿐 아니라 다른 친구의 행동이나 생각에 대해서도 말이야. 이런 습관이 결국은 통찰력을 가지게 하는 좋은 도구가 될 거야.

그리고 인문학은 어떻게 보면 한없이 넓은 범주야. 사람에 대한 학문이니까. 그래서 인문학적인 사고를 효과적으로 수행하기 위해서는 그만큼 폭넓은 지식이 있으면 좋아. 아무래도 책을 많이 읽는 사람이 유리할 수밖에 없겠지.

창의적 대안을 만드는 문제 해결력

우리가 학교에서 만나는 문제와 사회에서 만나는 문제에는 굉장한 차이가 있어. 학교에서 만나는 문제에는 정답이 있어. 우리가 정답을 모르는 것뿐이지. 그래서 학교에서 문제를 풀 때는 정답을 만날 수 있다는 기대를 가지고 문제를 풀게 돼. 하지만 사회에서 만나는 문제에는 정답이 없어. 정답이 있는 문제는 이미 문제가 아니거든.

그러니 사회에서 문제에 맞닥뜨렸다면 그걸 해결하는 건 학교에서 문제를 푸는 것과는 차원이 달라. 정답이 없으니 푸는 방법도 정해지지 않았지. 당연히 공식 같은 것도 없어. 그래서 미래 사회의 인재이자 메타버스에서 최고의 능력을 발휘할 사람의 가장 중요한 특징 하나를 꼽으라고 한다면, 그건 바로 문제 해결력이야.

그런데 사실 문제 해결력이라는 말은 굉장히 두루뭉술한 말이야. 문제를 해결하는 능력이라는 말인데, 문제야말로 굉장히 다양하게 발생하는 것이다 보니 일정한 해결 방법이 있는 게 아니거든. 발생하는 문제의 종류마다 해결책이 다를 수밖에 없어.

문제 해결력을 길러야 한다고 말은 하지만, 막상 문제 해결력이 뭔지를 알아야 그걸 기르든 말든 할 거 아니야. 그럼 문제 해

결력이란 구체적으로 무엇일까?

  문제 해결력은 현상이나 사건을 관찰하고 분석해서 원리나 핵심을 찾고 그것을 적용하는 능력과 적용 과정에서 발생하는 긍정적인 결과를 예측하는 능력을 말해. 그리고 더 중요한 것은, 적용 과정에서 발생하는 부정적인 결과를 '문제'라고 하는데, 그 문제를 예방할 수 있게 창의적인 대안을 만들어 내는 능력이 문제 해결력이야.

  이렇게 말하니 뭔가 굉장한 것 같지만 그렇지 않아. 그냥 평소 우리가 많이 하는 일을 조금 더 의식적으로 하는 것일 뿐이지.

  예를 들어 친구가 나에게 갑자기 차갑게 대하면, 그 이유를 찾아야 할 거 아니야? 삐친 것은 분명한데, 무엇 때문에 삐쳤을까를 생각해서 내가 어제 친구에게 살쪘다고 놀린 것이 문제가 되었다는 것을 알게 되는 거지. 친구끼리의 농담이라 해도 외모에 대한 지적을 하면 안 되는 건데 너무 경솔했던 거야. 문제가 무엇인지 알았으면 그에 대해서 사과하고, 앞으로 그러지 않겠다고 친구에게 이야기해야겠지?

  봐, 우리가 일상에서 자주 하는 거잖아. 이게 바로 문제 해결력이야. 문제를 찾아내고, 그것을 해결하는 대안이나 방안을 마련하는 거.

 이런 분석적인 태도로 경제 문제, 사회 문제, 정치 문제 같은 것들에 접근하는 거야. 어떤 문제든 원인이 있고, 원인만 잘 찾으면 그것을 제거함으로써 문제를 해결할 수 있다는 것은 같으니까 말이야.

| 에필로그 |

결국은 '사람'이 중요해

　메타버스 세상에 대한 이야기 재미있었어? 메타버스는 단순히 새로운 기술이 나온다는 차원의 이야기가 아니라, 인류의 삶이 현실 공간에만 존재하다가 디지털 공간까지 확장되는 큰 사건이야. 그러니까 기존에 우리가 알던 상식, 기준, 환경 모든 것이 변할 수밖에 없어. 그래서 이렇게 메타버스에 대한 준비를 미리 해야 하는 거지.

　앞으로 우리가 살아갈 미래는 메타버스의 영향을 받을 수밖에 없는데, 앞에서 보았던 대로 큰 방향의 변화는 어느 정도 예측할 수 있지만 세부적인 변화까지 모두 미리 예측하고 대비할 수는 없어. 그런 변화가 우리 앞에 다가온다면 그때그때 잘 적응해야 하는 거지.

하지만 어떤 변화에도 잊지 말아야 할 것이 하나 있어. 메타버스는 사람과 사람을 잘 연결하기 위한 노력이라는 거야. 결국 중요한 것은 기술이 아니라 사람이거든. 좋은 친구들을 만나고, 선한 사람들과 교류하고, 마음이 맞는 사람들과 일도 같이 할 수 있도록 도와주는 것이 메타버스야.

그러니 메타버스에 들어가고, 거기서 놀고, 생활하게 되는 때가 오면 더더욱 사람에 대한 관심과 사랑을 잊지 마. 기술이나 일에 중심을 두지 말고 사람에게 중심을 둬.

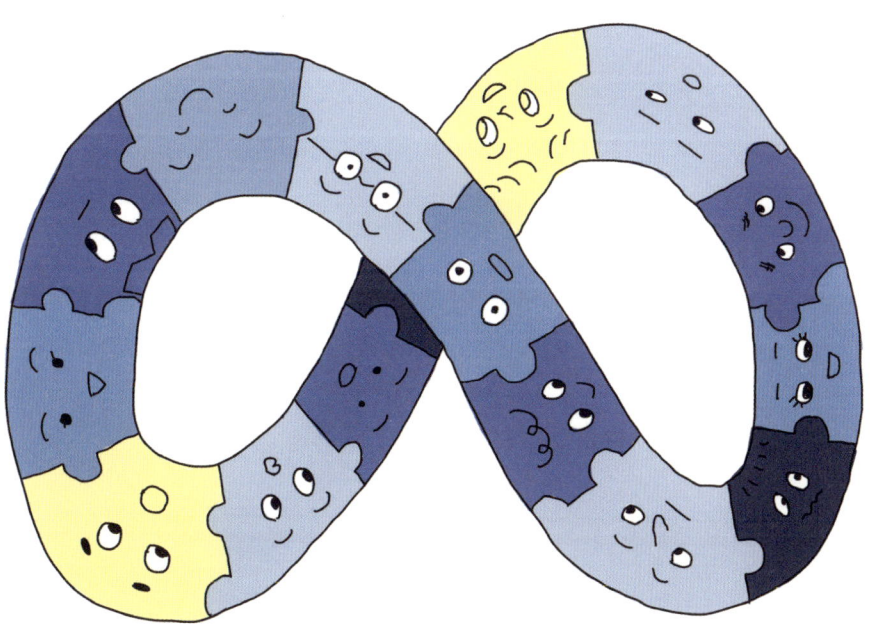

선하고 좋은 사람들을 많이 만나고 싶지? 그런 사람을 만나는 가장 빠른 방법은 우리가 바로 그런 사람이 되는 거야. 그러면 비슷한 사람들이 모이기 마련이거든.

결국 메타버스에서 잘 살아가는 가장 좋은 방법은 좋은 사람이 되려고 노력하는 거야. 그러면 메타버스가 우리 주위에 좋은 사람들이 모이게 만들고, 그런 사람들과 소통하고 교류할 수 있게 도와줄 거야. 우리의 미래는 메타버스에 있는 게 아니라 메타버스가 만나게 해 주는 사람들에게 달려 있어. 메타버스는 우리가 잘 활용해야 하는 도구인 거지.

메타버스 세상이 될수록 좋은 사람의 가치는 더욱 빛나게 돼. 메타버스를 통해서 훨씬 더 많은 사람들에게 영향을 줄 수 있으니 말이야. 우리 서로 좋은 사람으로 메타버스에서 만날 수 있기를 바라.